梦想北大丛书

我的北大梦

北京大学招生办公室 组织编写
李喆 主编

北京大学出版社
PEKING UNIVERSITY PRESS

图书在版编目(CIP)数据

我的北大梦/李喆主编. —北京： 北京大学出版社，2020.10
（梦想北大丛书）
ISBN 978-7-301-31079-3

Ⅰ.①我…　Ⅱ.①李…　Ⅲ.①大学生–学生生活–文集
Ⅳ.①G645.5–53

中国版本图书馆 CIP 数据核字（2020）第 017463 号

书　　　名	我的北大梦 WO DE BEIDA MENG
著作责任者	李　喆　主编
策 划 编 辑	姚成龙
责 任 编 辑	温丹丹
标 准 书 号	ISBN 978-7-301-31079-3
出 版 发 行	北京大学出版社
地　　　址	北京市海淀区成府路 205 号　100871
网　　　址	http://www.pup.cn　　新浪微博：@北京大学出版社
电 子 信 箱	zyjy@pup.cn
电　　　话	邮购部 010-62752015　发行部 010-62750672　编辑部 010-62756923
印 刷 者	大厂回族自治县彩虹印刷有限公司
经 销 者	新华书店 650 毫米×980 毫米　16 开本　13.75 印张　158 千字 2020 年 10 月第 1 版　2021 年 12 月第 2 次印刷
定　　　价	43.00 元

未经许可，不得以任何方式复制或抄袭本书之部分或全部内容。
版权所有，侵权必究
举报电话：010-62752024　电子信箱：fd@pup.pku.edu.cn
图书如有印装质量问题，请与出版部联系，电话：010-62756370

"梦想北大丛书"编委会

组织编写　北京大学招生办公室
顾　　问　秦春华　王亚章　李　祎　刘乐坚
主　　编　李　喆
副 主 编　林　莉　卿　婧　易　昕
编　　委　熊光辉　覃韡韡　姚　畅

校 长 致 辞

1000多年前,大学诞生于中世纪的欧洲,从此成为影响和改变世界的重要力量。人类在历史上形成的知识和思想汇聚于此,对于未来的系统思考和探索也肇端于此。

120多年前,北京大学的前身——京师大学堂成立于救亡图存的变革中,标志着中国现代大学制度的开端;100多年前,北京大学成为新文化运动与五四运动的中心与策源地。从此北大就与国家民族的命运紧密相连。一代代北大人不忘初心,牢记使命,用思想和行动,投身于民族复兴、社会进步的历史伟业。

今天,风华正茂的你们即将对自己的未来做出郑重的选择。北京大学正是你们一直向往和憧憬的那座学术殿堂,因为北大是一所与众不同的大学,具有无与伦比的感召力。

这是精神的感召。120多年来,北大形成了爱国、进步、民主、科学的光荣传统。北大始终站在时代前沿,矢志兴学图强,引领风气之先,集中体现在一代代仁人志士和优秀知识分子的赤诚爱国精神与使命担当。曾在北大工作过的陈独秀、李大钊、毛泽东等一批中国最早的马克思主义者,创立了中国共产党,从而缔造了新中国。从沙滩红楼的青春呐喊、红色火种,到未名湖畔的"团结起来,振兴中华",北大人为民族独立和国家富强做出了不可替代的贡献。

我的北大梦

这是文化的感召。北大有着极其厚重的学术文化积淀,又有着挺立潮头的文化创新品格。李大钊先生说:"只有学术上的发展,值得作大学的纪念。只有学术上的建树,值得'北京大学万万岁'的欢呼!"做第一流的学术,这是北大永远的追求。中国第一台百万次集成电路大型电子计算机、第一次人工合成结晶牛胰岛素、中国大陆第一例试管婴儿、第一套汉字激光照排系统等,这些"第一"都根植于北大创新文化的土壤。北大还汇聚了一大批学术大师、文化巨匠,这些都是我们创办世界一流大学的财富与根基。

这是人格的感召。鲁迅先生说过:"北大是常为新的,改进的运动的先锋,要使中国向着好的,往上的道路走。"蔡元培老校长以卓越的眼光推动改革,奠定了中国现代大学的理念与精神;屠呦呦校友以坚韧不拔的意志,创制新型抗疟药"青蒿素",挽救了全球数百万人的生命,成为第一位获得诺贝尔科学奖项的中国大陆科学家;孟二冬老师坚持"板凳要坐十年冷,文章不著一字空",他病倒在援疆的讲台上,直到生命最后一刻还在牵挂着学生。一代代先哲在时代洪流的洗礼与北大熔炉的淬炼中,放射出持久的光芒,陶铸出人格的典范,如月映万川般滋养涵育着每一个北大人。

一时有一时的趋向,一校有一校的风尚。无论时空如何变迁,对于一所大学而言,精神、文化与人格所构成的传统,都是不变的。北大是极广大的,她开放包容,连接着民族的过去和将来,沟通着中国和世界,展现出海纳百川的气度,每个有志青年都能在这里找到适合自己发展的方向和路径,开辟出崭新的人生境界,书写出属于你们自己的北大传奇。

"过去未去,未来已来。"教育的意义在于让受教育者在面向未知的世界时，为生命的展开找到支点。北大是你们求知的圣地、发展的舞台，是你们前行的动力、坚强的支撑。充满好奇心和求知欲的你们，将在这里体验探索未知、创造新知的快乐。

2018年5月2日，习近平总书记在北大考察时，向青年学生提出了"爱国、励志、求真、力行"的希望，这将激励你们努力成长为"德才均备，体魄健全"的社会主义建设者和接班人。亲爱的同学们，北大敞开怀抱欢迎你们！我们在北大等待着你们！

目　录

学　生　篇

3 / 我的学习经验和学习方法

事实上，课内需要掌握的知识，学校的老师都会教授给我们。一些课外辅导班的老师习惯于传授窍门和口诀等来帮助学生快速掌握解题的方法，或许这些方法对提高成绩确实有一定的作用，但是在高考越来越注重学习思维过程的今天，窍门和口诀的重要性正逐渐降低。相反，公式和定理的推导过程等更加重要。

13 / 学习经验介绍

一名高中生，应当对自己的人生目标有一定的把握，对于学习也应该持有自主的态度。那些不懂自主学习的人，只是跟着老师的脚步，却并不知道自己的目的所在，学习起来就会没有动力；而会自主学习的人，知道自己的目标是什么，学习起来会更加有动力，学习也会更有针对性。

23 / 跨越，从"一周"到"四年"

而一个把高考当作一件大事情来做的人则会这样做：他清楚地明白高考对于自己人生的意义，对于自己关心的人、关心自己的人的意义，他会有动力；他沉下心来分析高考的考查模式和高考题的特点，他会有方向；他科学地分配学习时间，统筹规划不同科目、学习与正常生活等的联系，他会有效率；他不惧挫折，认真地分析每一次测试暴露出的问题并着手解决，他会有提升。总而言之，"把高考当作一件大事情来做"，是一种面对高考，为了实现理想绞尽脑汁、想尽办法的状态。

35 / 献给考生的"学霸"养成计划

如果我们想提高分析问题的能力，就要逐渐学会自我总结。即我们把以前做过的有代表性的题目摆在面前，细细揣摩，慢慢分析，独立琢磨题目所涉及的知识。过一段时间后，我们再把这些有代表性的题目做一遍，然后对照答案解析，看看自己对哪些知识还没有理解到位。这个工作最忌三天打鱼、两天晒网，我们只有持之以恒地自我总结，才能找到适合自己的方法，从而让自己的问题分析能力得到大幅度提升。

47 / 高中三年学习心得

我们要合理安排作息时间，劳逸结合，尽量做到今日事今日毕，读好书和睡好觉两不误，不熬夜学习。即使到高三我们也要保证睡眠时间和质量，这样才能提高听课和做题的效率。每个学期或寒暑假我会早早地画一个校历，把竞赛行程、考试时间及节假日做什么都提前计划好，在执行过程中，我再根据实际情况适时微调。

59 / 浅谈系统性学习方法的培养

如果我们能在学习时运用归纳总结和类比的方法，在看似零碎的知识间建立起各种联系，在应用时从某一点出发，联想与其相关的知识内容，就可以做到全面地思考问题。

73 / 书山有径，治学有方

我们可以找一些优秀的文章直接背诵而不需要深入了解文

章的意思，在日后的尝试运用中再逐渐理解文章的含义，直到使用得足够熟练为止。也许这种死记硬背的方式并不是最好的学习方法，但是纵观几千年历史，学生无不熟背文章，才能听懂先生的讲解，或是自己领悟其中的奥秘，甚至在近代提倡新式教育的梁启超先生等人，也都是通过这种方式为自己奠定了深厚的国学功底，并为后来的研究打下了基础。由此可见，对于一些经典的文章，直接背诵不失为一种简单而有效的学习方法。

87 / 掌握方法巧用功，拼搏努力迎辉煌

高一到高二这段时间，我把它称为"蓄力与积累期"，在这段时间我们不需要像高三那样高强度地刷题，并为一时的成绩波动而改变三年的大布局。这两年其实是十分关键的，何以见得？高一、高二的作业和考试相对较少，我们可以支配的时间较多，心态也更为放松；待到高三时，时间紧张，纵有再多的计划也完成不过来。

99 / 愿你们顺心愿而行

因此，我们要端正态度，每次课后及时复习要背诵的内容，每次大考前都可以利用这个机会把所有的知识点过一遍。这样，三年下来，我们就会对背诵过的课文做到信手拈来了。

111 / 一名镇中学子的经验之谈

我建议大家不必制作精美的笔记本和手账本，也不必制订分秒不差、过于精确而有失弹性的计划。但是，我们对于长期和短期的学习必须做到心里有数，合理分配各项学习任务，统筹优化时间。

123 / 永不停歇，日臻美好

我们看的书多了，自然对事物就会形成一套自己的看法，

作文的深度自然就上去了,就不会存在没什么可写的情况。不过即使你之前的阅读很丰富,你的见闻很广,积累素材和名人名言也是我们在高三每天都要坚持做的事情。而且这些积累的素材和名人名言一定要用到我们的作文中,也许一开始我们用得会很别扭、很生疏,甚至驴唇不对马嘴,但用多了这些材料就会慢慢变成自己的了,再次引用时就会很顺畅。

家 长 篇

137 / 伴孩子圆梦燕园

　　孩子就像小树,在成长的过程中会生出许多枝杈,而老师和家长就像园丁,只有经常修整横生的枝杈,小树才能健康成长。反思就如同给小树打杈一样,要让孩子清醒意识到自己的不足,明白自己的长项,积极改掉缺点,学会扬长避短。正所谓"见贤思齐焉,见不贤而内自省也",唯有这样,才能有净化人格、涵养品格的"源头活水",人才能不断进取,否则将会变成一潭死水,停滞不前。

149 / 一路同行,静待花开

　　一个孩子在充满宽容的环境下成长,他学会了有耐心;
　　一个孩子在充满赞美的环境下成长,他学会了赞赏他人;
　　一个孩子在充满认同的环境下成长,他学会了爱惜自己;
　　一个孩子在充满接受的环境下成长,他学会了爱惜这个世界。

161 / 陪伴孩子的成长之路

　　当女儿上小学时,我便注重培养她良好的学习习惯。以我的教学经验,我深知一个学生良好的学习习惯在她的整个学习阶段中起着很重要的作用,而且这个良好的学习习惯必须在小学低年级完成。

171 / 顺其自然，因势利导，方能梦想成真

　　顺其自然，就是要顺应孩子的自然成长规律，而不是消极地任其自然发展，更不能"拔苗助长"。因势利导，就是要把握并启发孩子坚守正道的时机，积极主动地创造良好的成长环境，为孩子树立良好的学习榜样，而不能把家长的意志强加于孩子。

181 / 莫问收获，但问耕耘

　　家长在帮助孩子确立目标时，首先，家长要尊重孩子的意愿和选择，提供一些参考和引导即可；其次，目标必须是唯一的，否则会让孩子无所适从；最后，目标也可以按照情况变化适时进行调整。

195 / 有心栽花花必发

　　因此，家长平时要对孩子课内和课外的学习情况及时进行关注。家长要告诉孩子用积极、主动的学习态度来学习，当孩子取得进步时，家长不要视而不见、充耳不闻，要抓住机会及时对孩子进行鼓励和肯定。只有这样，孩子才能在学习上取得进步。

学生篇

我的学习经验和学习方法

姓　　名：汪怡雯
录取院系：化学与分子工程学院
毕业中学：北京汇文中学
获奖情况：2016年全国中学生生物学联赛（省级赛区）二等奖
第十九届北京高中数学知识应用竞赛论文一等奖
第十五届全国创新英语大赛全国二等奖
"叶圣陶杯"全国中学生新作文大赛三等奖
2014年全国中学生英语能力竞赛高中一年级组二等奖
北京市"三好学生"

我的北大梦

> 事实上，课内需要掌握的知识，学校的老师都会教授给我们。一些课外辅导班的老师习惯于传授窍门和口诀等来帮助学生快速掌握解题的方法，或许这些方法对提高成绩确实有一定的作用，但是在高考越来越注重学习思维过程的今天，窍门和口诀的重要性正逐渐降低。相反，公式和定理的推导过程等更加重要。

一、对题目做标记

在我看来，做题不仅仅是对课本知识的巩固，更是一种补充和拓展。许多同学完成作业时只求完成，做完以后就置之不理，缺乏对题目的回顾和总结，没有充分达到学习的目的。其实，我们只要再多下一点功夫，就能事半功倍。

通常，我做完一天的作业后，会逐个题目仔细阅读相应的答案解析。如果有些题目我不会做，我就学习答案解析中的方法。一般来说，我只看这道题目答案解析的前几行，大概看懂思路后，就顺着这个思路继续把这道题目做完，而不是一次性把答案解析看完再做题目。这样做，我能更明确自己哪道题目、哪个步骤出了问题。例如，在做物理板块模型这类题目时，如果我们用隔离法就无法计算出答案，而用整体法则非常有效。这时，我们只要看到答案解析中列出整体法的式子，就知道用什么方法来做了，可以先暂停往下看答案解析，而尝试自己把题目做完。

有些题目尽管我们做出来了,但较为吃力,或者我们用的方法不够简便,或者我们是误打误撞得出的正确答案。如果我们不及时学习正确而简便的方法,就有可能使错误方法在我们的脑海中留下深刻的印象(我并不是说答案解析中的方法一定是最简便、最快捷的,但许多情况下它的确能够为我们提供一种参考与补充)。下面,我以数学的导数题来举例说明。

初学导数的时候我很不习惯采用变量分离的方法做题,往往是对函数直接求导,经过十分复杂的计算才能得出答案。在研究答案解析的过程中我发现了这个问题,于是我在这类题目旁边做上标记,写上"可变量分离"。我在做了几道题目以后,就将这种方法深深印入脑海中,再做题的时候就能立刻想到它。更重要的是,我在总结了一些同类题目之后,对这些函数的算式进行归纳总结,发现了可以应用这一方法的式子的共性,这样以后应用起来会更加高效。

此外,对于出题角度新颖、考查不常考知识点的题目,我们也应当做上标记,反复研究。这样,当我们再次见到这类题目时,就有了应对的方法。

当考试来临的时候,我发现标记题目的方法为我的复习提供了很大的便利。那些平时不认真研究题目的同学想要复习作业题目,但浩浩题海,不仅因为时间不够不能全面复习,而且翻开练习册又让人望而生畏,无从看起。因此,我们平时完成作业后要趁热打铁,只标记值得再次复习的题目,这样能为我们考前复习节省大量的时间。

到了高三更是如此。我建议大家平时多下功夫,每天留出一些时间来研究题目,在题目旁边做好标记并简单写上值得注意的事项。我们复习的时候要有针对性，这样复习起来就不会太疲惫。

二、英语跟读

我的英语成绩一直较为突出，在这个科目的学习上我有一个独特的学习方法——跟读法。跟读法，顾名思义，就是我们通过听音频内容并复述，从而练习听力和口语的学习方法。我在跟读的时候是不看文本内容的，单纯地凭着听觉刺激反应出所讲的内容并将内容说出来。

如何提高口语和听力是我们在学习英语时共同面对的难题。有的人会选择一边听录音，一边看着文本朗读来进行练习，我则舍弃文本，就是听和说，通过这样的方式创造一种非常接近日常生活中与人交流的语言环境——没有文字的直接交流。对比其他同学的方法，我的跟读法可以将听力练习和口语练习结合起来，有效地提高我在日常生活中与人交流的能力。我在选择音频时，会着重选择由英美人朗读的文章进行跟读练习。在反复听录音的过程中，我不断揣摩朗读者的语音和语调，学习并纠正我的一些单词的不正确发音。

除此之外，因为我坚持跟读，所以有了大量的语言输入作为基础，同时还培养了我的语感，让我的阅读和写作能力也得到了提升。在阅读中，我一看见熟悉的短语或者单词，就会快速地反应出它的意思，甚至文字意义背后的感情色彩；在写作时，若是想到了某情某景，我也立刻会联想到之前听过的某段情景或对话，将听到的内容用文字表达出来。

除了跟读，我还习惯对平时看到的阅读材料进行细致的研究，例如，考题、练习题和英语杂志中的段落等。就拿英语考试来说，老师在上课分析我们考卷上的错题时，有一些题目我做对了并不存在疑问，但我也不会闲着，而是仔细阅读题目中的文本，找出陌生的词汇以及认识但不会使用的词汇，将它们圈出来，并且分析它们在段落中的用法。这个过程简单又不费力气地帮助我巩固并扩充词汇量。除此之外，英语完形填空、阅读理解中的许多文章与校园生活有关，我也会将有关的词汇和语句积累下来，这对于写英语情景作文非常有帮助。

总而言之，英语学习除了语法需要死记硬背以外，词汇、语句等的使用都是贯穿在我们日常生活对英语的接触中，而非刻意去记忆的。多接触英语，多留意它的用法，我们就能自然而然地培养出语感。

✦ 三、侧重课堂，减少补习

高中阶段，我从来没有上过补习课内知识的课外辅导班，节省了许多周末时间，并且成绩并不比上课外辅导班的同学差。

事实上，课内需要掌握的知识，学校的老师都会教授给我们。一些课外辅导班的老师习惯于传授窍门和口诀等来帮助学生快速掌握解题的方法，或许这些方法对提高成绩确实有一定的作用，但是在高考越来越注重学习思维过程的今天，窍门和口诀的重要性正逐渐降低。相反，公式和定理的推导过程等更加重要。例如，物理书上介绍的半偏法测安培表内阻，我们学校的物理老师会非常详细地分析实验误差，以及为什么测量值偏大（或偏小）等，而课外辅导班的老师大多只是传授"大内大，小外小"之类的口诀。当考试中出现的不是课本中的原始实验,而是在原始实验基础上加以改造、创新的探究实验时,只记住口诀的同学就不知道如何解题了,而上课认真学习了误差分析方法的同学则会做得非常轻松。

我们利用老师在课堂上讲的基础知识和基本方法,完全可以解答出考试中的绝大多数题目。当然,我承认在课外辅导班可以学到更多的解题方法,但是如果舍本逐末,或是在这些不常用的知识上花费时间以至于没有及时巩固课内知识,那就得不偿失了。

高中三年我没有上过课外辅导班,因为我觉得仅凭借校内老师在课堂上讲的内容,就足以应对高考。但我们在校内课堂上也需要提高效率,才能保证良好的学习效果。我认为课堂上无论内容难易,我们都应将注意力集中在老师教授的内容上。对于自己未掌握的知识,我们上课更要认真聆听和记笔记;对于自己已经掌握得较好的知识,我们上课也不能走神。有的同学感到课堂内容比较简单,便在课堂上写其他科目的作业、发呆或趴着休息,我认为这些都不利于高效的课堂学习,时间长了就跟不上老师的讲课进度了。当老师讲的内容比较简单时,我也会把思维过程和基本方法再熟悉一遍,或者快速浏览一下老师刚讲过的内容,理清整体思路。

四、制订学习计划

上学时,我每天都携带一个小巧的本子,专门用来记录作业等学习任务。每当老师布置作业的时候,我就将作业内容、具体页码和完成时间等简明地写下来,以防出现忘写作业的情况。放学收拾书包时,我也会对应着小本子上的作业来决定携带哪些书本回家。

根据作业情况制订学习计划，不仅可以督促我完成相应的学习任务，而且能够帮助我合理规划晚自习或在家学习的时间，提高学习效率。我大块的自主学习时间基本是在晚饭后。晚饭后我会打开这个小本子，大概估算每项作业所需要的时间，并根据剩余时间安排预习和复习。当然，我制订的计划中也会有专门的休息时间，一方面给自己的计划增加一点弹性，毕竟预估的用时总是不够准确；另一方面也是为了劳逸结合，让自己有足够的精力在学习的时候专心致志。有的同学把自己的学习计划制订得非常紧张，给自己安排过重的任务，结果要么熬夜到很晚，要么完成不了。也有的同学没有给自己留出休息时间，结果学习到一半时就会觉得疲惫辛苦，忍不住玩玩手机，却没有节制，导致后面的学习计划无法执行。这样的错误我也曾经犯过，最终我发现合理而有弹性的计划才能提高学习效率，保持学习动力。

此外，我还会在每项完成的任务前面打勾。这样如果有完成不了的，第二天我还能够注意到未完成的任务，而不至于忽略它们。此外，打勾还能够提高我的成就感，让我更有积极性完成接下来的学习任务。

五、良好的学习环境

很多同学（包括我在内）在学校上晚自习时的学习效率远远高于在家学习。因为我们在学校时，没有其他事情的干扰，并且看到周围同学都在刻苦学习，自己也会有学习的动力。而在家里，我们一会儿吃点水果，一会儿玩玩手机，看几页书就

我的北大梦

觉得自己太辛苦了,又忍不住喝一杯酸奶……在有过多干扰的环境中,我们很难静下心来认真学习。

在家学习时,我习惯关上门,房间里不放任何食物和电子产品,桌面上只留书本和文具等必需品。这样能够帮助我更加专心于手头上的任务。边吃零食边写作业,看似不耽误学习,但是注意力很难长时间集中。除此之外,父母的交谈声和电视播放的声音等,有时也会吸引我的注意力,打断我的学习。一般我会和我的父母商量好,他们会在某个时间段内轻声交谈,阅读书报或做一些安静的活动,而不会打扰我的学习。在这样的氛围下,我很少会三心二意。如果外界有让我无法忍受的噪声,我就会戴上耳塞。

当我因为做不出来题目而感到烦躁的时候,我也会用手机播放一些舒缓的轻音乐。但平时学习时为了不让自己玩手机,我还是会把手机放在离自己比较远的地方。

六、劳逸结合,加强体育锻炼

为了保证同学们不至于学习太辛苦,我们学校安排了课间休息、课间操和午休等放松时间,班里许多同学会抓紧一分一秒的碎片时间学习,连吃饭的时间也要看书。我曾经尝试过这样的模式,却感到学习效果很不理想。比如数学连堂,如果课间不休息,那么我在第二节数学课很容易犯困。我认为课间休息可以让我们充分放松,对于身体健康和学习效率都很有帮助。

首先,上课时我们基本都是坐着,很少改变姿势。如果课间我们继续保持坐姿,久而久之必定会对我们的身体产生很大的伤害。我通常会在下课时站起来走一走，或者去楼道里接一杯水，这样下一节课就不会感到身体不适。

其次，四十五分钟的课程结束以后，我们在课间还要继续写作业或看书，头脑得不到放松，下一节课更容易犯困。我一般会在课间和同学聊聊天，或者看看远处的树木放松眼睛，或者洗一把脸，让身心放松下来，以充沛的精力迎接下一堂课。我们在学习上投入的时间长并不意味着有更多的收获，因为长时间的学习会让我们的学习效率和耐心大大降低。更何况课间教室较为喧闹，注意力未必能够集中。

除此之外，我认为体育课及其他锻炼时间也不适合用来学习。抓紧时间学习，并不意味着要占用其他有意义活动的时间学习。许多研究表明，适当地锻炼身体可以让人的记忆力更为持久，对于高三的学生更是如此。高三晚自习后，我们班主任会组织同学们在操场上慢跑。我每次跑步回家后冲个热水澡，都会感到神清气爽，坐下来学习也就更有动力了。事实证明，我们班同学生病的次数明显少于其他班级。高三学习紧张、压力大，而充分的体育锻炼能保证我们的身体健康并充满活力，不至于病倒。

我知道大学的知识结构和授课方式与高中有很大不同。在未来的学习中，我将根据学习情况及时摸索，调整自己的学习方法，努力取得稳定而良好的成绩！

学习经验介绍

姓　　名：薛凌峰
录取院系：生命科学学院
毕业中学：浙江省宁波市镇海中学
获奖情况：全国中学生物理竞赛（决赛）二等奖

我的北大梦

> 一名高中生，应当对自己的人生目标有一定的把握，对于学习也应该持有自主的态度。那些不懂自主学习的人，只是跟着老师的脚步，却并不知道自己的目的所在，学习起来就会没有动力；而会自主学习的人，知道自己的目标是什么，学习起来会更加有动力，学习也会更有针对性。

十余年寒窗苦读，我终于进入梦寐以求的北京大学，对我来说，实在是莫大的惊喜。回顾过去十余年的学习经历，我总结了以下一些经验，供学弟、学妹们参考。

一、认真的学习态度

我们在学习过程中，首要的一点便是要有认真的学习态度。唯有认真学习，才有可能学好。认真的学习态度具体表现在以下三点：课堂上认真听讲、课后认真完成作业、认真理解所学的知识。

（一）课堂上认真听讲

课堂上认真听讲是指我们在上课的时候要专心致志地听老师讲课，不能分心、走神。老师在课堂上讲的内容总是最精练、最有用的，而平时的练习以及考试的重点也总是来自老师上课所讲的内容，因此我认为上课认真听讲是十分重要的。但是，不是每个人都能在课堂上认真听讲的。有些人天性安静，容易静下心来听课；有些人却活泼好动，上课总是分神。以我的学习经验为例，我认为上课时集中注意力、保证自己认真听课的一个重要方法是，一直用眼睛盯着老师，注视着老师的一举一动，这样眼睛有了注意力集中的对象，就不容易分神了。

（二）课后认真完成作业

课后认真完成作业，这听起来很容易，实际上却并不容易做到。据我所知，很多同学喜欢在做作业的同时吃一些东西、喝一点饮料，甚至一边看电视一边完成作业。这样的习惯并不好。如果我们在做作业的同时做其他的事情，那么学习精力势必要被分散，注意力不能完全集中在做作业上，也就不能认真完成作业。这样的话，我们不仅做作业的效率不高，还容易犯一些低级错误，最终导致我们在考试的时候也经常粗心大意。长此以往，这个习惯不仅对我们的学习不利，还会让我们养成做事情三心二意的坏习惯。

我认为做作业的正确做法应该是：我们在做作业时注意力一定要专注，可以规划在学习完成后放松一下，比如喝水或吃一些东西补充能量，而且我们一定要把做作业当成在考试一样认真完成。事实上，也正是考虑到这一点，很多学校设有晚自习，专门让学生做作业，其目的就是让学生能够不受干扰地认真完成作业。

（三）认真理解所学的知识

认真理解所学的知识，在前两点之上更进了一步。正所谓"学以致用"，认真听课、认真完成作业，最多只能让我们学习

我的北大梦

到知识，而想要更进一步应用这些知识，则需要我们认真理解自己所学的内容。举例来说，我们学完了"机械运动"以后，需要在日常生活中抽象出"机械运动"的模型以应用其所学的知识，而这个过程，正是我们理解所学知识的过程。在这个过程中，我们不仅主动地复习了一遍所学的相关知识，而且能够体会到学习知识给自己带来的乐趣，从而会更加积极主动地学习，形成良性循环。

二、良好的学习方法

当然，我们有了认真的学习态度之后，还需要在学习的过程有良好的学习方法。

学习的过程，大致可以分为预习、课堂、作业和复习四个阶段。

（一）预习

在预习阶段，我们可以粗略地浏览下一课要求的内容，这个过程可以在前一天的晚上完成，也可以在上课前几分钟完成。我们在预习时不必太过细致，有大致的印象即可。

（二）课堂

在课堂上，我们要认真听老师讲课，时刻保持活跃的思维，积极思考老师提出的问题。老师提出的问题往往是这堂课的关键所在，也往往是重要的知识点和考点。我们思考这些问题有利于自己更好、更快地把握关键知识点，这样能够起到事半功倍的作用；反之，如果我们对老师提出的问题无动于衷，没有思考的过程，就会"事倍功半"。因此，我们上课时要积极思考老师提出的问题。

至于上课记笔记，我认为只需要记下老师上课所讲的重点内容即可，上课最重要的还是听老师讲课，将老师讲的内容消化和理解。记笔记的目的在于，帮助自己在复习的时候回忆重点内容，笔记的内容在精不在多。

（三）作业

我们在做作业时，如果遇到自己不会的题目，不能稍作尝试就放弃，但也不能一直"死磕"。我们可以选择先试一试，如果觉得这道题目太难，就先做后面的题目，等其他题目都做完之后再回过头来攻克难题。如果有的题目实在太难，我们可以考虑先放一放，第二天去学校再请教老师或同学。

我们一定要注意，在经他人讲解后才会做的题，一定要进行自我反思：自己当时为什么没有做出来呢？如果怕自己忘记，我们还可以准备一本难题集，专门收集自己不会做的难题，然后每过一段时间对收集的难题进行总结。如此下去，我们必定能使自己的思维越来越活跃，这样考试时真遇到难题也就不怕了。

（四）复习

最后，在复习阶段，我们要多看自己以前的错题和课本上的内容，多做总结归纳，把知识点真正搞懂，有不懂的地方一定要请教老师或同学。

三、关键性选择

除了学习态度和学习方法以外，在学习历程中的一些关键

我的北大梦

性选择对于一个学生的未来有着莫大的影响。就拿我自己来说,在当地的初中取得了优异的成绩之后,在老师的指引下我抱着尝试的态度报考了浙江省有名的镇海中学并幸运地被录取了。当时,我并不觉得镇海中学比我当地的重点中学好多少,直到我进入镇海中学感受到它浓厚的学习氛围以及各种学习资源的优势之后,我才明白这一点。由此可见,选择更好的学习环境对我们的影响是巨大的。

在进入镇海中学的"创新班"以后,我面临竞赛课程的选择。我对物理和生物都很感兴趣,在了解了学校往年各科竞赛的得奖情况之后,我选择了我们学校实力相对更强的物理竞赛。而事实也证明,我的选择是正确的。在经过一番奋斗之后,我终于取得了全国中学生物理竞赛(决赛)二等奖的好成绩。而在选取大学专业时,我又面临新的选择。在高中物理竞赛的学习过程中,我逐渐更深入地了解了物理,却也更明白我内心其实喜欢的是生物。因此,我最终选择了令我感兴趣的生物专业,进入了北京大学的生命科学学院。在我自己的学习历程中,第一次重大的选择(去镇海中学)是我的父母帮我决定的,他们更加了解好的教育环境的重要性。而后两次重大的选择(分别指竞赛课程和大学专业的选择)则是我自己决定的。在前两次重大选择中,我获得了更好的学习平台和更多的学习资源,也让自己得到了更好的成长。我也相信,我的第三次选择将给我的未来带来更加重要的影响。

由此可见,在我们的学习历程中,这些关键性的选择一定要做好,这样可以给我们的学习带来更好的发展。

四、自主学习的重要性

在学习历程上,我们越走到后面就越能体会自主学习的重要性。在小学，几乎没有人知道我们为什么要学习，只是听从爸爸妈妈的话去上学，而这时的学习也基本上是由老师引领的，老师讲什么我们就学什么。在初中，优秀的学生开始不满足于老师课上所教的内容，而主动地在课外拓展学习知识。例如，上一些奥数竞赛辅导班，或是看看文学读物等。而在高中时，这种自主学习的重要性更加凸显。高中的自修课程很多，我们需要自主安排好时间，主动学习，珍惜每一分钟的时间；学校的社团和其他各种活动也让人眼花缭乱，这时的学习更要靠我们的自觉性。我的物理竞赛老师曾说过：学习这条路，前一半是老师带着走的，后一半就要靠自学。

对于高中生而言，我们要特别注意自主学习的重要性。如果我们要自主学习，就要先学会安排好自己的学习时间。我们在分配自己的学习时间时，要注意区别对待强项科目和弱项科目，要在自己的弱项科目上多花时间进行训练。此外，我们要把自己的学习时间安排得井井有条。

对于参加竞赛的同学而言，自主学习就显得更重要了。因为竞赛涉及的内容会很深、很多，我们只是依靠老师上课讲的内容是不够的，这个时候就需要自己多看书和学习，拓宽视野。此外，在竞赛学习过程中，我们不要只完成老师布置的那些作业，自己也要主动地学习，找一些练习题来做。

当然，在我们的学习过程中与同学讨论也是必不可少的，这里所说的自主学习当然也包括和同学一起交流，以及和老师探讨问题。自主学习并非指自己孤身一人的学习，而是我们在把控自己的学习进度的前提下充分利用外界资源来提升自己。

一名高中生，应当对自己的人生目标有一定的规划，对于学习也应该持有自主的态度。那些不懂自主学习的人，只是跟着老师的脚步，却并不知道自己的目的所在，学习起来就会没有动力；而会自主学习的人，知道自己的目标是什么，学习起来会更加有动力，学习也会更有针对性。此外，在老师、学校等外界约束变弱或者消失的时候，比如在假期里，不会自主学习的人就会"放松到底"，而会自主学习的人就会每天给自己安排一些目标和任务，提高自己的能力，让自己不断成长。

◆ 五、物理竞赛的学习经验

接下来，我想谈谈我在物理竞赛方面的学习经验。

第一，物理竞赛是我们人生当中一次宝贵的体验。除了我上面提到的自主学习的习惯以外，还有参加课外辅导班和考试给我们带来的丰富的人生体验。

第二，兴趣是最好的老师。我对物理的浓厚兴趣支撑着我一直走过物理竞赛。虽然其中经历了很多大风大浪、很多次失败，以及很多次艰难的训练，但我的坚持让我有所收获。

第三，就学习方法而言，我认为在学习新知识的阶段，一定要理解每一个知识点的物理内涵，每一道题目和每一个物理模型背后的物理意义。在解题前，我们要先在自己的脑海里构建这道题目的物理图景和物理模型。而在做完每一道题目以后，我们也要问问自己是否已经理解这道题目，是否已经真的弄懂了标准答案中的每一个步骤，是否了解自己在做这道题目时欠缺的是什么等。进一步来说，如果我们有时间，还可以思考这道题目的推广和应用，对于有意思的题目我们可以就此做一番研究出来。这才是对待一道题目真正应有的态度，而那种只是一味解题而不去理解的做法是绝对不可取的。对于不在竞赛考纲里的内容，如大学普通物理的部分内容以及"四大力学"的内容，我认为稍有涉猎即可。虽然物理竞赛的考纲里没有出现这些内容，但考试题目的物理思想和物理模型很可能取自这些地方。但如果我们过分深入的话，我认为就适得其反了。毕竟大学物理书中的知识很多依赖于相关的大学数学知识，在高中阶段我们没有必要学习那么多。因为物理竞赛主要考查的还是学生对物理知识掌握的深度。

第四，在训练和考试的阶段，专注和投入是很重要的。专注可以有效地降低我们犯低级错误的概率，我们在平时一定要养成专注的习惯。如果我们想做到全神贯注地学习，一方面我们要内心坚定，另一方面我们可以借助外界的力量，比如找一个安静的地方做题。

第五，在考试来临之际，我们需要保持内心的冷静。此时，我们不需要过度刷题，更重要的是要调整好自己的状态，要养精蓄锐，在考试的时候展现出自己的全部实力。

此外，我要特别强调书写格式的重要性。一方面，从应试的角度来讲，整洁的书写格式不但可以让阅卷老师的心情愉悦，而且会让阅卷老师容易找到卷面的得分点，从而在无形之中提高我们的分数；另一方面，整洁的书写格式不但便于我们查找错误，还能让我们有一个清晰思考题目的思路。良好的书写格式有赖于书写习惯的养成，这一点我们要从平时做起。

第六，关于物理实验，我认为在复赛阶段，我们一定要老老实实地按照实验指导书里的步骤一步步地做实验。当然，我们每次做实验的时候要弄明白每一个步骤的意义。实验需要反复做、反复思考和反复调试，这样才能得到最完美的实验结果。在复赛阶段，实验报告显得十分重要。因为复赛的题目并

我的北大梦

不难，大家基本都能做出来，所以这个时候比的就是书写格式了。书写格式整洁的，实验报告的各个部分完整的，有图、表、公式和数据的，就可以拿高分。而在决赛阶段，我们就不能仅仅局限于实验指导书里的内容，而要真正把握其中每一个实验的思想，熟悉其中的每一个实验仪器，用自己掌握的物理原理方面的知识设计实验、完成实验，再评估实验。如此反复，才能进一步提高自己的实验水平。

　　以上介绍的是我的学习经验，希望对学弟、学妹们有所帮助。

跨越,从"一周"到"四年"

姓　　名:李　楠
录取院系:中国语言文学系
毕业中学:江西省南康中学
获奖情况:江西省2016—2017学年度省级"三好学生"
　　　　　江西省2016—2017学年度普通中学省级"优秀学生"

我的北大梦

> 而一个把高考当作一件大事情来做的人则会这样做：他清楚地明白高考对于自己人生的意义，对于自己关心的人、关心自己的人的意义，他会有动力；他沉下心来分析高考的考查模式和高考题的特点，他会有方向；他科学地分配学习时间，统筹规划不同科目、学习与正常生活等的联系，他会有效率；他不惧挫折，认真地分析每一次测试暴露出的问题并着手解决，他会有提升。总而言之，"把高考当作一件大事情来做"，是一种面对高考，为了实现理想绞尽脑汁、想尽办法的状态。

十年寒窗恍若昨日，新的征程已在脚下。我仍记得在"百日誓师"大会上我勇敢地在台上喊出"北京大学"的情形，仍记得我曾经痴恋般留意着网络上有关北京大学的点点滴滴，仍记得我用小刀划开北京大学录取通知书包装的那份小心翼翼。我与北京大学的相知始于2016年7月的中学生暑期课堂（史学）。从"一周"到"四年"的距离原来只有"一年"，只不过，这是浸透了奋斗汗水的一年。我要感谢那时的自己，"你只有拼尽全力，才能看起来毫不费力"；我要感恩关心自己的老师、同学和家人，让我即使在最艰难的日子里也温暖前行。

我或许不是一个严格意义上的好学生，在高中三年的学习中，例如作业写不完、课上忍不住和同学说话、踩着上课铃声到校、上课和考试打瞌睡等现象在我身上时有发生。但从平时跨越，从"一周"到"四年"

的成绩和最终的高考成绩来看，我似乎又"板上钉钉"地是一个"好学生"。"成功的都是经验，失败的都是教训"，这句话虽然说得很绝对，但我也一直相信学习是要有方法的，我不由得回顾自己的学习生涯，希望找出一些有益的学习方法与大家共勉。猛然间，我发现自己有一些独特的学习方法，在很多时候这些学习方法可以让我对学习中遇到的如何刷题、如何作息等具体问题有更清楚的认识，让我更有勇气在自己认为对的道路上前行，或许正是这些学习方法让我有了如今收获梦想的机会。

一、前进，先谋后动

"认识指导实践"［《思想政治4（必修）》］的重要观点被我在学习和生活中不自觉间落实得较好。当我面对一个必须解决的问题或者需要制订一个长期执行的计划时，我会先认真地分析各种条件，尝试在逻辑上找出一个最优方案，从而让观念指导行动。而当我发现老师的一些指导和我自己的观念发生冲突时，我也会尽力分析两者的异同以及它们对于高考——这一终极目标的价值，尝试着融合它们。

下面我就用刷题这一高中学习中无法回避的问题举例来说明我的具体做法。

（一）如何有效地刷题

有些信奉"题海战术"的人说，高考考的全都是题目，因此只要拼命刷题就能够决胜高考。我认为这句话不全对。的确，在现在的考试形式下，题目是考核的唯一载体，能够又快、又准确地解题的学生无疑将成为高考的赢家。但是，题是永远做不完的。在我看来，一定要刷题，但如何刷题、刷什么样的题、如何总结、如何提高答题效率，才是更值得我们思考的问题。

刷题有一个出发点和落脚点，即做题本身不是目的，只是手段和工具。那么什么才是刷题的目的呢？——高考。因此，我们应以平时的做题效果能否在考场中发挥出来作为判断依据。那么考场和平时训练最大的不同是什么呢？没错，是时间。考场上短时间带来的精神压力，常常会极大地影响我们真实水平的发挥。

因此，我平时经常进行限时训练，到了高三中后期更是常态化，以适应快节奏的解题步伐。我通常选择在晚自习后半段、午休前和晚饭后等较为完整的时间进入限时训练模式。我进行限时训练的内容主要有：45分钟内完成一套数学选择题和填空题，35分钟内完成一套文科综合试题（以下简称"文综"）选择题，25分钟内完成两道数学压轴题等。

一开始我还会在做题时频繁看表，后来得心应手了便有了自己的做题节奏。而我一旦遇到没有做完题的情况，就会一边实事求是地比对答案写上分数，一边仔细地回忆自己的思考过程，找出解题"卡壳"的地方，归纳一番后记录在笔记本上，期待从中总结教训以提升我的思考能力。

高考其实就是一场数百万人同时参加的限时训练，如果我们能够看到这一点，并且加以训练，想必在高考时我们就可以拥有更加平稳的心态。

（二）刷什么题也很重要

我们刷什么题也是很重要的。

在我看来，历年高考题不但是命制模拟题的风向标，而且是我们复习备考的第一选择。进入高三，我就买来了近五年的高考题，沉下心认真分析高考命题风格，试图从中找出高考题近几年来的变化规律。

以数学为例，这几年全国Ⅰ卷加大了概率与统计的题量，题目新颖并与我们的生活紧密相关。高考数学选择题的难度有所下降，而观点论述大题则越发开放，更加深入地考查学生的比较研究能力和历史素养。

又如，语文更加"反套路"，对学生在考场上的阅读理解能力要求较高；同时，作文更能启发学生关注社会现实并做出清晰、正确的价值判断。

在这些规律的指引下，我的复习和备考更加有针对性，我既不会对一些细碎的知识点产生反感，也不会在接触模拟题时过于深究一些难题，这让我的备考效率大大提高。

（三）刷题与总结

刷题与总结有的时候是矛盾的双方，既相互冲突又相辅相成。有的人重刷题轻总结，陷入题海无法自拔；有的人重总结轻刷题，结果总结的内容不丰满且适用性也不强，徒劳无功。在我看来，总结十分重要，但是只有建立在大量做题基础上的总结才可能是有效的。我们总结时也不能期待"毕其功于一役"，用一点时间总结完一两个月的学习内容。因此，我的做法是：在刷题有感悟的时候就写在题目旁边或者一些小本子上，然后定时整理这些批注并汇总成为小结，转抄在专门的总结本上，这样我基本上能做到时间与效率的平衡。

（四）刷题与备考

如果说，高考是时间与效率的比拼，那么刷题与备考又何尝不是这样呢？即使是在高考开考前 10 分钟，我们依然会觉得有的知识点没能彻底掌握。时间有限，我们说的"提高做题效率"应该是释放单位时间的最大价值，而且不只是一门科目，而是六门科目整体的优化学习。这样，无论是距离高考 600 天、300 天、100 天还是 10 天、5 天，我们都能找到该做的事情。

我们要根据自己的实力和备考阶段的定位尽力做出最优判断，而不是面对一天天变化的倒计时牌暗自叹息。以我的学习经历为例，在高考前的十几天中，老师会不断下发各地精选的模拟题，我可以很快做完选择题，但是大题用时较长。此时，我对大题的思路已经掌握得比较完善，一般预先思考一下这道题目然后再看答案解析。节省下来的时间我用来翻阅总结本或者复习其他科目。

二、真的是同样的 12 小时吗

（一）对学习时间的两个思考

进入高三，我的作息时间安排得前所未有的紧凑。我每天早上 7 点钟踏入校园，晚上 10 点多离开校园，除去吃中午饭、晚饭和午睡的时间，我一天待在学校的时间竟达到 12 小时，这还不算上晚上回家后的学习时间。这不禁引发我的第一个思考：从我的角度出发，这种作息安排把学生一天中可利用的时间都用完了，那么真正决定学习效果的就应该是学习效率了。

这也萌生出我的第二个思考：要释放单位时间的最大价值。正如全国青少年信息学奥林匹克竞赛中的"动态规划"和"贪心问题"，当局部做到最优的同时整体才有可能达到最优。

（二）如何释放单位时间的最大价值

第二个思考首先在早读和晚读上得到实践。我们学校对学生的朗读和背诵是十分重视的，进入高三以后在已有的早晚各五六十分钟读书时间的基础上又增加了晚自习结束前半个小时的读书时间。这样至少在学校的安排中，我们读书的时间就达到了两个多小时，这还不算上我们课前读课本的时间。可见，早读和晚读在我们学校的学习时间的分配中分量极重。但是，结合我个人的学习特点，我只是单纯地通过朗读课本或者其他资料来掌握知识点的效果并不是很好，而且在读书上我也很难保持长时间的专注力。另外，我个人在早读和晚读上并没有清晰的规划，时间常常在东翻西地找资料中白白流逝了。

怎么办呢？为了释放早读和晚读时间的最大价值，我先试着找出并归类需要朗读和背诵的知识，减少读书的盲目性。我发现需要朗读和背诵的知识大致有以下几类：语文中的成语、古代文化常识等基础知识，作文素材、名人名言等作文积累；英语中的语法和重点单词的反复记忆，老师提供的常错词、多义词等资料；文综三科的课本、知识体系、模板以及自己的总结本等。同时，我发现许多内容，尤其是语文、英语两个科目，大部分知识我已经掌握了，剩下的少部分知识才值得反复记忆。另外，文综三科知识点的内在逻辑关联较强，单纯地拿出课本读读背背并不能达到较好的效果。

综合以上几点分析，我的具体做法是：

我的北大梦

第一,我利用课余时间把学校提供的复习资料上的语文、英语基础知识快速浏览一遍,勾画出需要重点背诵的成语和单词等,然后按照一到两个月的时间把这些内容复习完一遍的节奏,把读书计划科学分配到每一周、每一天并自查落实。

第二,在背诵的同时考查书写的知识,比如诗词默写、英语单词词形变换等。此外,我还会在草稿纸上进行书写练习。

第三,对于需要理解内在关联的大块知识点,我专门准备一个笔记本,一边记忆一边在笔记本上画思维导图或者知识框架并标上页码,方便定期归纳和串联已经记忆的知识。

以政治为例,我特意准备一个较薄、较小的笔记本,基本上一两页记一个单元的内容,然后坚持在早读和晚读一边搭配着课本进行滚动记忆,一边画出知识框架。之后,我又在每个单元后面加上自己总结的该单元常见的时政热词、题型和易混淆选择题等。最后,当这个笔记本成型的时候,它就成了我学习政治的利器,我不但可以随时翻阅、查漏补缺,而且还能大大提高我早读和晚读课本的效率,即我可以先看知识框架回忆内容,当我发现我对这一框架的知识不熟悉时,我才会再次回归课本。

第四,我还另外准备了一个笔记本,用来记录上课和做题时暴露出来的知识短板,然后在早读和晚读时拿出来对照,进行针对性复习。此外,经过与老师的沟通,我卸掉了心理包袱,不再刻意追求和同学们步调一致地朗读和背诵,而是在完成当天的记忆任务后进入刷题和总结模式,提前进入晚自习的状态。

英国生物学家赫胥黎曾说过:时间最不偏私,给任何人都是24小时;时间也最偏私,给任何人都不是24小时。经过长期的试错、调整与反思，我自认为在早读和晚读时间以及效率的安排上达到了一个令人满意的效果，我不但较好地完成了高考要求和老师建议的记忆任务，而且节省出来更多的自主学习的时间。

三、缺点不是我丧气的理由

我是一个自制力不高的人，在学习上我也存在许多知识点的缺漏，考试的失败也常常让我悔恨交加、痛心疾首。但正如我高三那年贴在课桌上面的一句话"No Time For Sorrow"（没有时间悲伤）所言，高考如战场，高三没有时间悲伤。在我"释放单位时间的最大价值"观念的影响下，无谓的喟叹是不允许存在的，我已经习惯于失败了立刻爬起来，并且快速思考补救措施。下面以我的英语学习为例，来说明我是如何克服学习中遇到的困难的。

英语科目一直以来都是我的强项，高一、高二时我的英语成绩基本上稳居班级前列，很少低于140分。然而，进入高三，我的英语作文书写问题竟然成为我的"拦路虎"。受此影响，我的英语作文成绩经常得不到20分以上，连累我的总分也往往不尽如人意。怎么办？一直以来的强势科目现在逐渐与他人缩小了差距，这不禁让我有些怀疑自己。但很快我还是坚定了信心，相信只要想办法解决书写问题，前途还是一片光明的。

但高三时间紧、任务重，该怎么抽出时间练习英文书写，又该如何练习呢？经过与老师多次交流，我采用了下面的方法提高我的英文书写：

首先,我在网上选购了一本英文字帖用来学习英文印刷体,收到货的那天我像捡到宝一样练习到深夜,第二天字就已经有所改观。

其次,经过一周时间的巩固,我的英文字帖练习慢慢由字母进入句子、短文。

最后,我尝试着将练习好的字体用于考卷上书写。那段时间我减少了课间与同学的闲聊,一有机会就拿出英文字帖练习,就算练习几个字母也好;同时,我每天还会拿出一定的时间将练习过的字进行比对,然后总结如何将英文字练得更好。

一开始我的英语作文成绩提升的并不明显,但我没有气馁,在与老师交流后,我改掉了一些略显生硬的英文写法,让卷面上的字迹显得更加柔和、更加整齐。功夫不负有心人,最终我的英语作文在高考中获得了23分的好成绩。

四、把高考当作一件大事情来做

以上就是我对于高中学习的一些看法和个人实践,希望能对学弟、学妹们有所启发。

最后,我想说:备战高考,就要把高考当作一件大事情来做。也许有人会问,高一、高二的积蓄,高三的多轮复习不正见证了我们对高考的重视吗?但我要说,这些都只是外在的,真正要做好一件事情是要用心的。

许多同学或许受青春小说、电影等的影响,仅仅因为自己是高中生而木然地接受高考模式、被动地进入复习状态,在最后又带着复杂的心态回忆着自己的青春和高考。在我看来,他们只是获得了一份虚假的精神满足,满足于获得一次所有同龄人共有的经历。

而一个把高考当作一件大事情来做的人则会这样做：他清楚地明白高考对于自己人生的意义，对于自己关心的人、关心自己的人的意义，他会有动力；他沉下心来分析高考的考查模式和高考题的特点，他会有方向；他科学地分配学习时间，统筹规划不同科目、学习与正常生活等的联系，他会有效率；他不惧挫折，认真地分析每一次测试暴露出的问题并着手解决，他会有提升。总而言之，"把高考当作一件大事情来做"，是一种面对高考，为了实现理想绞尽脑汁、想尽办法的状态。

人的潜能是可以无限激发的，但是大部分人需要被点醒、需要明白自己的目标以及需要有科学的方法。面对高考，希望同学们能够以必胜的勇气、旺盛的热情投入备考，发挥自己的聪明才智，攻克前进道路上的困难。

我期待与你们燕园相会！

献给考生的"学霸"养成计划

姓　　名：冯敏立
录取院系：数学科学学院
毕业中学：福建省福州第一中学
获奖情况：2014 年度福州市学生"优秀共青团员"
2014—2015 学年福州第一中学"校三好学生"
2015 年第十一届泛珠三角物理奥林匹克暨中华名校邀请赛力学基础试一等奖
2015 年第十二届中国东南地区数学奥林匹克竞赛一等奖
2015 年全国高中数学联赛（省级赛区）一等奖
2016 年第十六届中国数学奥林匹克协作体数学竞赛二等奖
2016 年第十三届中国东南地区数学奥林匹克竞赛二等奖
2016 年全国高中数学联赛（省级赛区）一等奖

我的北大梦

> 如果我们想提高分析问题的能力，就要逐渐学会自我总结。即我们把以前做过的有代表性的题目摆在面前，细细揣摩，慢慢分析，独立琢磨题目所涉及的知识。过一段时间后，我们再把这些有代表性的题目做一遍，然后对照答案解析，看看自己对哪些知识还没有理解到位。这个工作最忌三天打鱼、两天晒网，我们只有持之以恒地自我总结，才能找到适合自己的方法，从而让自己的问题分析能力得到大幅度提升。

本文分为理科综合试题（以下简称"理综"）高分养成计划、数学高分养成计划两个部分，尽可能全方位地呈现我在高中阶段尤其是高三时的学习方法，希望能给学弟、学妹们一点帮助。

一、理综高分养成计划

（一）各个击破

首先，我要强调一件事情：物理、化学和生物这三个科目的基础知识掌握得非常扎实是理综能得高分的前提。对于任何一门科目，甚至是任何一个知识点，如果我们存有"大不了那几分我就不要了"这种侥幸心理，则最后将自食其果。接下来，我会用比较长的篇幅谈一谈如何学好物理、化学和生物这三个科目。

1. 物理：注重理解

学好物理最重要的就是：我们要对整个理论体系融会贯通并且有深刻透彻的理解。"理解"是解题的根本，哪怕我们对题目有一点点没有理解到位，都可能把题做错。

那么，怎么样算是"对整个理论体系融会贯通并且有深刻透彻的理解"呢？如果现在让你合上课本，从头回想高中物理到底讲了什么内容，每一个物理量表示什么意思以及如何被引入（例如，电势是如何被定义的？），每一个定律是在什么背景下被提出的以及适用范围如何（例如，为什么可绕固定转轴旋转的轻杆的弹力方向必定是沿着杆的方向？），等等。如果你觉得这些内容学着有些困难，那么说明你还没有达到"对整个理论体系融会贯通并且有深刻透彻的理解"的境界。

为了加深对基础理论体系的理解，我们反复琢磨课本是非常有必要的。如果你有理解不到位的知识点，那么一定要及时请教老师或同学，放过它就是给自己的考试留下隐患。

2. 化学：对症下药

化学是一个比较神奇的科目，它不像数学和物理那样有比较成熟的理论体系，但它有时候还是很"讲道理"的。

高中化学大致分成四个部分：元素化学、有机化学、实验化学和反应原理。元素化学的知识点琐碎而多，我们不但需要对其反复巩固以加强记忆，还需要将其与结构化学的知识融会贯通；有机化学的关键是理解一些基本概念和把握各官能团的性质；实验化学也有许多需要我们下功夫记忆的内容，尤其是对实验操作和实验现象的表述格式，但更重要的是对实验原理的触类旁通；反应原理，我们只要对概念和原理理解深刻，就能以不变应万变。

3. 生物：回归课本

生物可能是让理科班的同学最头疼的科目之一，因为它要求记忆的内容太多了，光靠强大的逻辑思维是行不通的。

我认为一种比较靠谱的应对方法就是"抄"，即一字不落地抄写课本原文。虽然这个想法听上去很吓人，但这的确是许多"学霸"和生物竞赛学生实践过并推崇的方法。我们在学生物时最忌讳过度依赖提纲和教辅资料，只有回归课本，才能不遗漏知识点并能加强对规范表述的记忆。

我们在回归课本的过程中，尤其要注意表述的普遍性与特殊性（例如，酶都是活细胞产生的吗？酶的本质都是蛋白质吗？），知识点的融会贯通（例如，课本实验中的酒精作为试剂被使用了几次？体积分数分别是多少？），图表中隐藏的信息（例如，一个核糖体最多能结合几个 tRNA？小肠上皮细胞具有分裂能力吗？），长句子记忆（例如，构建基因表达载体的目的是什么？），以及扫除知识死角（例如，基因枪法中常用的金属粒子有哪些？），等等。

（二）综合训练

其实，理综试卷中不存在跨科目的考题，只是把三个科目的考题集中在一张卷子里而已。我们需要适应这种考题形式。

1. 顺序与节奏

我们不妨先拿一份理综试卷按出题顺序来做，一般来说，第一次是来不及做完题的。我们做题的熟练度提高之后，在考场上仍有可能存在主观或客观因素而答不完卷子的情况，因此我们需要最大限度地"抢分"。我们平时在进行限时训练时，就要有意识地统计各部分试题的平均用时和平均得分，计算做题的得分率，分析出一套适合自己的做题策略。这里的得分率是指平均得分与平均用时的比值的相对百分数，一般以 2 分/分钟作为基本单位。

下面是我做理综试卷时的做题策略，供大家参考：

> 生物选择题 8 分钟→化学选择题 12 分钟→物理选择题 20 分钟→生物选考题 3 分钟→化学选考题 7 分钟→物理选考题 10 分钟→生物填空题 20 分钟→化学填空题 25 分钟→物理计算题 25 分钟→物理实验题 10 分钟→检查 10 分钟。

这个做题策略恰好对应理综试卷中的选择题正序、非选择题倒序，基本按照我自己的得分率从高到低排序。预算好自己的时间分配后，我们就尽量按照稳定的节奏进行训练。我们在快要高考时千万不要再过多调整自己的做题策略，以免乱了阵脚。

2. 题型与答题技巧

理综试卷做得多了，我们就不难发现理综命题的模式，下面我为大家介绍里面的题型。

第 1—6 题为生物选择题，考查内容的覆盖面很广，并且注重对课本原文的识记与理解。试题中设置的误选项往往是我们容易混淆或忽视的知识点，注意考查我们对课本知识的掌握能力。

第 7—13 题为化学选择题，考查内容包括化学与 STSE (Science、Technology、Society、Environment)、化学基本概念、元素周期律、有机化学、实验化学、电化学和化学平衡等，基本是每个知识点对应一道题，这利于我们在复习时各个击破。

第 14—21 题为物理选择题，分为单项选择题与多项选择题，考查内容几乎囊括除实验外的全部必考内容，综合性很强，这要求我们在平时训练时除了注重理解，还要熟记一些常见的物理模型。

无论是单项选择题还是多项选择题，我们利用一些逻辑技巧排除错误选项是很有效果的。

第 22—23 题为物理实验题，其中力学实验与电学实验各占一道题，与课本中的实验题类似。总体而言，物理实验题比较容易得分，但得分率较低。

第 24—25 题为物理计算题，以力学为主体的计算与以电学为主体的计算各占一道题。总体而言，物理计算题的得分率比较低。

第 26—28 题为化学填空题，考查内容包括元素化学、实验化学和反应原理等，基本是一个知识点对应一道题。其中，元素化学的考题多以工艺流程的形式呈现。总体而言，化学填空题的区分度较高，需要有一定的刷题量以积累经验。

第 29—32 题为生物填空题，考查内容包括光合作用与呼吸作用、个体层次的稳态调节、种群及更高层次的稳态调节、遗传学定律等，基本是一个知识点对应一道题。这些题同样注重考查我们对课本知识的掌握能力，但同时也需要我们掌握一些答题技巧。例如，先看本题的分值，有几个分值就写几个答题要点。

第33—34题为物理选考题，我们学习的重点是《物理：选修3-3》《物理：选修3-4》中的内容。物理选考题相当于算术题和几何题，故难度较低。

第35—36题为化学选考题，《化学：物质结构与性质（选修3)》和《化学：有机化学基础（选修5)》中的内容最好都要熟练掌握，这对掌握必修课本中的内容也有一定的帮助。一般而言，《化学：物质结构与性质（选修3)》容易学、耗时较少，却难以拿到满分，而《化学：有机化学基础（选修5)》则与此相反。因此，在考试时我们要善于根据题目难度和自身水平做出选择。

第37—38题为生物选考题，我们学习的重点是《生物：现代生物科技专题（选修3)》中的内容。我们也可以考虑自学《生物：生物技术实践（选修1)》中的内容。

需要指出的是，全国卷命题特点是稳中求变，换句话说就是"不按套路出牌"，因此冷门考点和冷门考法同样值得我们注意。例如，2017年全国Ⅰ卷的第29题就爆出冷门。

3. 方法与心态

对绝大多数同学来说，理综训练可能要经过下面几个阶段：

> 第一次做理综试卷做到怀疑人生→好不容易能答完全卷了→220分瓶颈期→250分瓶颈期→270分瓶颈期→还有没有下一个瓶颈期就要看造化了。

大家最好在高二暑假结束前就进入理综训练。如果还想多复习巩固基础知识,那么第一次理综训练也应不迟于高三寒假。

如果我们总感觉做理综试卷的时间不够用,那么在保证不影响各科单独考试成绩的前提下,需要加大理综限时训练的力度,同时重点突破得分率低的知识点,必要时调整一下做题策略。晚自习、周末和假期都是极佳的理综限时训练时间,我们要好好利用。

经过一段时间的训练,我们可能会迎来220分瓶颈期。此时的主要问题基本不排除两种可能性:选择题错得太多,或者选择题做得太慢。前者会直接影响成绩,后者会拖累非选择题的作答。这时候我们要回归课本,全面排查知识盲区,一定能发现许多需要进行专项强化训练的地方,正所谓"温故而知新"。

当我们的理综成绩达到250分以上时,说明我们的主干知识点已经掌握得很不错了,此时还需要注意的两个问题是:避免无谓的失误和提高答题技巧。前者的解决方法比较具有普遍性,即用好错题本。我认为错题本不是用来记难题的,更不是用来记偏题和怪题的,而是用来记录"个性化"错题的。我们记久了错题,就会发现其中有许多是不应该错的题,这时错题本为了防止我们再次掉下"陷阱"提供了一个"个性化"的提醒。例如,我以前经常注意不到化学方程式和离子方程式的区别,在发现自己的这一高频易犯错误点之后,每次考试时一遇到这两个词,我就会把它们圈起来提醒自己注意,此后重蹈覆辙的频率就大大降低了。在高考考场上,我就不假思索地圈出了"不正确的是""带正电""离子方程式""能层的符号"等词,成功避开了所有低级错误。至于答题技巧方面,许多方法的普遍适用性都太弱，还是需要自己在实战中不断总结，以及与同学多交流。

我在高三时期的理综大考平均分为 270 分，最低分为 243 分，最高分为 287 分，接近高考时基本稳定在 270 分左右。我个人认为，保持良好的心态很重要。

总的来说，成功属于那些善于从失败中吸取教训的人。希望我的理综经验能对高三学生顺利过渡到理综考试和提升成绩有所帮助。

二、数学高分养成计划

（一）学好数学

学好数学和考好数学肯定是有联系的，下面我为大家分享我的学习经验。

1. 阅读——信息获取能力

信息获取，即通过我们对题目的阅读，把自然语言转化为等价的数学语言的过程。"等价"二字的含义很明确：遗漏了限制条件，不行；增加了多余条件，也不行。我们在遇到表述冗长的题目时不要慌张，逐字逐句地审完题目即可。

2017 年全国Ⅰ卷的第 19 题就充分说明了信息获取能力的重要性，大家可以看一下。

2. 思维——问题分析能力

通常来说，学不好数学的同学主要是欠缺问题分析能力。他们往往不擅长独立总结经验，而是习惯顺手"拿来"教辅书上的技巧或者是班上好学生的学习经验，因此在遇到新的题型时会感到吃力。其实，培养问题分析能力并没有那么难，我们只要学会揣测命题者的意图即可。命题者的意图是：通过对知识网络的精心整合，全面考查学生对知识的建构能力，其中有可能蕴含着高数背景、陈题背景和实际背景等。

　　如果我们想提高问题分析能力，就要逐渐学会自我总结。即我们把以前做过的有代表性的题目摆在面前，细细揣摩，慢慢分析，独立琢磨题目所涉及的知识。过一段时间后，我们再把这些有代表性的题目做一遍，然后对照答案解析，看看自己对哪些知识还没有理解到位。这个工作最忌三天打鱼、两天晒网，我们只有持之以恒地自我总结，才能找到适合自己的方法，从而让自己的问题分析能力得到大幅度提升。

　　3. 计算——问题解决能力

　　问题解决能力，也就是考查大家的计算能力，这是数学最重要的一项基本功。例如，2017年全国Ⅰ卷的第19题，对放不下计算器的同学来说是一个致命打击。当然，有时候不仅是计算难的问题，我们还会马虎大意犯一些低级错误，比如有的人还会犯"$400 \times 0.2 = 8$"这样的错误。

　　人非圣贤，偶尔犯糊涂总是会有的，我们也不能一味地把计算结果回代到式子中，以检查计算是否正确。如果我们的计算能力实在太弱，就要考虑多做一些限时训练了。在限时训练过程中，我们要严格计时，决不可以浪费分毫时间来检查计算结果是否正确，而要马不停蹄地往下做。久而久之，我们的计算正确率就会提高。

　　（二）考好数学

　　目前，很难找到适合所有人的学习数学的方法，我只能尽力给出一些易于操作的方法，希望能对想学好数学的同学有所启示。

1. 选择题和填空题——稳中求快

我们先定一个小目标：数学要稳上 130 分，这就要求全国 Ⅰ 卷理科数学上的选择题和填空题的失误不能超过 2 道题。为了提高我们做选择题和填空题的正确率与速度，我们进行限时训练是很有必要的。在限时训练时，我们只要练习 16 道选择题和填空题即可，时间控制在 40 分钟以内，我们要全身心投入，模拟考场上的紧张状态。当然，在考场上实际操作时，我建议大家把做选择题和填空题的时间稍微延长一些，以保证高效率得分，毕竟一道题 5 分的分值还是很多的。

下面我再具体介绍如何解决压轴题。束手无策的同学可以考虑我总结的一些方法：极端法、特殊值法和揣测命题法。极端法和特殊值法比较靠谱，它们都是排除法的分支，如 2016 年全国 Ⅰ 卷理科数学的第 12 题。揣测命题法，就是思考命题老师可能会在哪里设障碍。比如，一道位置靠后的线性规划选择题，需要求最大值，一般来说值最大的选项是错误的，错因往往是没有考虑某个限制条件等。

2. 解答题——田忌赛马

所谓"田忌赛马"，是指在鱼翅与熊掌不可兼得的情况下，要将损失降至最低。第 17—19 题俗称"三道题"，我们可以通过一定强度的训练在 40 分钟内完美拿下这些题。

而我们要夺取高分的难点就在于，用最后的 40 分钟完成第 20 题和第 21 题。

第 20 题考查圆锥曲线知识，对问题解决能力是一个不小的挑战，不过如果我们能列出韦达定理和判别式就已经得到 6 分了。如果我们想得到全部分数，就必须多熟悉一些圆锥曲线的二级结论。

第 21 题考查导数知识，兼具一定的思维难度和计算难度。数学目标成绩在 130—140 分的同学，遇到很难的导数题时，我建议最后一道题要果断放弃，保住选择题和填空题，以及"三道题"才是王道。数学目标成绩在 140 分以上，甚至满分的同学，最好掌握一些高等数学的方法，如分离变量后用洛必达法则、泰勒展开后系统生成导数不等式等。

另外，我推荐大家看一下《高考数学你真的掌握了吗》这套书，里面有很多实用的学习技巧，适合想突破 130 分甚至 140 分而苦于摸不透压轴题方法的同学。当然，对于能轻松上 140 分的同学来说，自己的方法才是最靠谱的。

我曾经接受了许多学长、学姐的无私帮助，我也希望能够把这种奉献精神薪火相传，给学弟、学妹们留下一些有用的东西。可惜，经验终归是经验，路要自己走，苦要自己吃，梦要自己追。

那么，祝你们好运。

高中三年学习心得

姓　　名： 李梓焓
录取院系： 化学与分子工程学院
毕业中学： 福建省漳平第一中学
获奖情况： 2014年全国青少年信息学奥林匹克联赛复赛提高组一等奖

2015年中国化学奥林匹克（初赛）福建省一等奖

2015年全国中学生英语能力竞赛高中二年级组全国二等奖

2016年全国高中数学联赛（省级赛区）一等奖

2016年全国中学生物理竞赛（省级赛区）三等奖

我的 北大梦

> 我们要合理安排作息时间，劳逸结合，尽量做到今日事今日毕，读好书和睡好觉两不误，不熬夜学习。即使到高三我们也要保证睡眠时间和质量，这样才能提高听课和做题的效率。每个学期或寒暑假我会早早地画一个校历，把竞赛行程、考试时间及节假日做什么都提前计划好，在执行过程中，我再根据实际情况适时微调。

一年一度的高考终于落下帷幕，三年来的艰苦奋战也暂告一段落。作为高考过来人，我想和大家分享一些学习和竞赛的心得，希望对大家有所裨益。

一、关于学习

（一）语文

语文素来是重视积累的科目，我们平日对语文知识和文化常识的积累，对作文和文言文阅读极为有益。因此，一方面我们上课要认真听讲，对于老师重点讲解的文言实词和虚词，要做好笔记，适时归纳；另一方面，我们要扩大知识面，在课余时间需要广泛涉猎课外名著，尤其是对中外文化有精妙见解的书籍，像《培根随笔》、朱光潜的《谈美书简》等便是不可多得的佳作。

除此之外,我们还要收集作文素材,每天分门别类地记录从杂志、名著等资料中撷取的素材,如社会热点、名人名言和历史事件等。近年来,全国Ⅰ卷语文中的作文着重考查考生对社会热点的看法,我们除了要及时关注主流媒体对当下新闻的评论以外,在阅读分析各方的观点时,要逐渐形成客观独到的见解。

至于考试,由于全国Ⅰ卷选择题的分值较大且迷惑性较强,因此我建议大家要针对相应的模块进行强化训练。以我为例,因为平时测试时我的"论述类文本阅读"部分经常丢分,所以我就购买了论述类文本阅读的专项练习,并专门抽出时间做题。

需要提醒大家注意的是,强化训练并不是进行简单的刷题,也不是刷完题后就弃之不顾,而是要对照答案分析每道题对与错的原因,从中总结做题的步骤和技巧。

(二)数学

对于数学,我的感悟如下:

首先,计算问题。很多时候数学丢分和计算出错有关,如果我们想提高数学成绩,平时就要提高计算水平,减少失误率。

如何培养我们的计算能力呢?一方面,我们做数学题时要尽早摆脱对计算器的依赖,坚持笔算。有许多同学为了方便,平时做题皆用计算器,不肯笔算,结果导致他们在考场上的计算错误百出,可谓得不偿失。另一方面,我们可以试着随机取两个五位数或六位数,列竖式计算这两个数的乘积或商,也可以找几道难度较大的关于圆锥曲线的题目并认真完成,做题过程中都不要使用计算器。

我的北大梦

其次，记忆问题。有很多同学认为数学是不需要记忆的科目，这恰恰是对数学的极大误解。数学不仅要记大量的公式和定理，而且要记各种题型对应的解题思路，只有把解题思路和公式、定理结合起来，才能解决相应的数学问题。为此，我们在整理错题集时，要把解题的大致步骤写在错题下方（若有可能，则把有助于加快解题的公式一并写下），相同思路的题目整理到一起。这样，我们在复习时就不会因为题目杂乱无章而降低复习效率，也便于大家触类旁通，从相似的题型中找到普遍适用的法则。

最后，应试小技巧。无论是选择题还是填空题，总有若干道较耗时的难题，或是计算麻烦，或是不好找思路。如果我们花四五分钟都做不出来这道题目，最好先跳过它，先解答容易的题目，之后再回来攻克难题；否则，我们把时间浪费在一道题目上，会影响后面题目的完成。

我的数学做题顺序安排如下：

> 选择题和填空题（40—45分钟）→解答题第1题→选考题（不等式）→解答题第2—5题（解析几何题和导数题至少要留半个小时，否则会写不完）。

（三）英语

学好英语最重要的一点是：我们上课一定要跟上老师的节奏，笔记要记好，不要落下；否则，后面会耗费更多的精力弥补遗漏的英语知识点。如果英语成绩能长时间稳定在140分以上，则我们可以考虑提前做后面的练习。但需要注意的是，我们做的练习不要超前太多，如果练习做得太快，以前做的题就会被遗忘，错选的原因也会记不牢，听老师讲评的效果就会大打折扣。

此外，除非是为了对我们的学习弱项进行训练，否则我不建议大家购买太多的英语教辅书，因为学校订购的练习题，足以满足大部分学生的训练量。不然只刷题不反思，无助于提高我们的英语水平。就我的经验而言，我们最好在做完题目并对完答案之后，仔细阅读错题对应的解析，揣摩命题者的考查意图和解题思路。同时，我们每隔一段时间按照英语练习题中的各种题型，如阅读理解的查找信息、主旨大意、推理分析题，完形填空的填名词、动词、形容词题等，将之前练习中的错题进行归类统计，这样你就会对自己的学习强项和学习弱项一目了然，复习的方向也更为清晰。

课内的练习固不可少，但课外的阅读也不可或缺。如果我们只埋头在作业堆中苦学，学到的只是蹩脚的"中式英语"。如果我们想练就较为地道的英语，则可以上网浏览主流的英文网站，比如维基百科网站查询资料。如果我们实在找不到课外材料，则可以听《新概念英语（第2册）》的课文录音。

最后再补充一点，我们别死抠题目中的字眼。有些题目确实有出错的可能性，但还有些是有歧义的题目，其实这是做题者的理解出现了偏差造成的。因此，我们在做题时，千万别死抠题目中的字眼，否则会误会命题者的命题意图，造成我们的卷面失分。

（四）理综

理综的难点在于，物理、化学和生物这三个科目的思维方式和考查侧重点不同：

① 物理重在过程分析，例如，考查相叠的大小不一样的两个滑块运动状态的分析、圆轨道上小球的受力分析等。

② 化学重在考查学生的知识迁移以及学生从题目中迅速获取信息的能力。例如，我们能根据主族元素的性质，类比推出过渡元素的部分性质［如 $Al(OH)_3$ 与 $Zn(OH)_2$、$Cr(OH)_3$ 都是两性氢氧化物］，或者设计简单的有机合成路线。

③ 生物重在考查学生对课本知识的记忆和理解程度，许多生物题目都可以在课本中找到相应的答案。

因此，相对其他科目而言，理综的复习相对棘手一些，我只能简略给出一些学习建议。

首先，我们复习时尽可能紧扣课本。因为理综涵盖的三科的知识点都在课本上出现，所以我们一定要把课本读透，把其中的重点和难点吃透，自然就能打下扎实的基础。

其次，学有余力者可以参加一些科目竞赛，适度学习一些大学本科的专业知识，这对解答理综题很有帮助。但我们在答题时对大学的知识点的引用要慎重，否则会和高中的知识点相混淆，导致解题出错。尤其是生物，就算题目中已给出生物学的前沿成果，我们也一定要根据高中的知识，结合题目的信息作答，千万不能根据大学本科的专业知识作答。

再者，我们要尽早进行限时训练。做理综题不同于单独做三个科目的考卷，因为理综题量大且时间紧迫（只有两个半小时），所以我们必须加快做题的速度，合理安排做题顺序。我建议从高二暑假开始就买一套理综测试卷，并限时完成。刚开始，许多同学可能花费三四个小时才能完成一套理综测试卷，这很正常，因为许多知识点我们还没有复习，各类题型的快速解法还尚未归纳。只要我们持之以恒，配合第一轮复习时老师的详细讲解，摸索出适合自己的做题顺序，一段时间以后，理综题的做题时间自然可以控制在两个半小时以内。

最后，我谈谈做题的安排。我自己摸索出理综题的做题顺序，供大家参考：

> 选择题（40—45分钟，最多不超过50分钟）→物理实验题→生物选考题→化学选考题→物理选考题→生物大题→化学大题→物理大题。

二、关于竞赛

首先，我们参加的竞赛不要太多。一个人的精力是有限的，无法同时应付众多竞赛。就像高二上学期，我同时参加了中国化学奥林匹克（初赛）和全国高中数学联赛（省级复赛），结果数学没有获奖，还花费了不少时间。因此，我建议想参加竞赛的同学，应根据自己的优势和兴趣，钻研一门科目竞赛。

其次，我们要有坚定不移的信念和敢于挑战的勇气。科目竞赛难度较大，常常与大学知识接轨，如果我们没有打持久战的心理准备，便会在竞赛之路上畏葸不前，无法摘得胜利的果实。如果我们不敢钻研难题，一遇到难题便跳过而不研究，那么竞赛水平难以"更上一层楼"。

下面是我参加过的各科竞赛的心得，分享给大家。

（一）全国青少年信息学奥林匹克竞赛

首先，我们要学会一种或几种有关全国青少年信息学奥林匹克竞赛允许使用的语言，最好是Ｃ＋＋，因为Ｃ＋＋可以调用一些函数库，加快编程的速度〔如〈algorithm〉，里面有快速排序函数 sort()，可以直接调用〕。

其次，我们要注重理论基础，多看一些与竞赛、程序算法有关的书籍，掌握多种题型对应的解法，如深度优先搜索、广度优先搜索、贪心算法、动态规划和图论等。

再次，我们要多做题，尽快上机练习，到各大 OJ（在线评测系统）做题，将学习到的算法知识用于题目中，从而加深对算法的理解。

最后，我们要熟悉竞赛的编程规范，如对输入、输出语句，输出数据的格式等的要求。

（二）中国化学奥林匹克竞赛

中国化学奥林匹克竞赛与大学化学专业的知识密不可分，如果我们没有系统学习过大学化学专业的相关知识，便难以在竞赛中取得优异的成绩。基础化学又分为无机化学、有机化学、结构化学、物理化学和分析化学等，我建议参加全国高中学生化学竞赛的同学可以从以下几个部分入手：

① 无机化学即元素化学，重在对元素共性和个性的考查，因此我们要熟记主族元素中每一族的共性（不能只记短周期元素）和第一过渡元素的性质；同时，我们对部分元素有别于同族元素的性质也要着重记忆。

② 有机化学重在对有机反应的考查，如反应机理、产物的立体化学、反应路线的推断和设计等。因此，我们要尽可能深入理解各个有机反应的机理，只要理解了机理，自然可以推知产物。

③ 结构化学、物理化学与物理学，尤其是物理学中的力

学、热学有密切联系。我们学好物理，可以减轻结构化学、物理化学这两门课程内容的负担。

④ 分析化学注重计算，以及待测量和测定值的关系，如果我们弄清题目中测量反应的计量比，就可以轻松解题。

（三）全国高中数学联赛

此处主要介绍参加全国高中数学联赛（省级赛区）复赛第二试的策略。第二试的题目分为不等式、平面几何、数论、组合四类（也可能是有关数列或多项式的题目）。

① 我们做不等式题目时，既需要熟记常用的不等式，如均值不等式、柯西不等式和排序不等式等，也需要灵活运用多种变形方法，如三角换元、根式代换和放缩等。不等式的难点在于找出命题和条件的关系，因为待证不等式往往需要变换多次，才能与题设挂钩。若我们在变换过程中有一个环节推理不出来，则整道题目便无法解出。

② 我们做平面几何题目时，不仅要熟知常用的定理和推论，更要熟知添加辅助线的技巧，辅助线添得好，胜过用一组定理。若我们无法用定理逐步推导出结果，则可以考虑采用解析几何法、三角函数法和复数法等，不过我还是建议用平面几何定理为首选的证明方法。

③ 数论题目主要考查整除、同余的性质和定理内容，难度较大，我不建议大家尝试，不过该题目若涉及递推和多项式，则可以采用数学归纳法。

④ 组合题目考查范围极广，题型多变，可能考查图论、棋子摆放、算两次法，以及模型的构建等内容，此类问题较难，我也不建议大家尝试。

最后，预祝考生们在高考中取得优异的成绩，考上心仪的大学。

附注

我在高中三年的学习心得如下：

1. 锻炼

身体是革命的本钱，我们在课余时间加强身体锻炼既可以释放压力，又可以锻炼意志力。

2. 读题

认真读题是解题的关键，我们要学会泛读、细读、精读和回读。我的经验是：看题慢一点，做题就会快一点；做题快一点，得分就会高一点；得分高一点，理想就会近一点！

3. 反思

我们每做一套题，对过答案后，一定要挤出一些时间进行做题反思，反思做错的原因，并用红笔进行标注，避免下次再犯同样的错误。

4. 非智力因素

我们要重视非智力因素对考试正常发挥的影响。我们的良好状态，有助于在考场超常发挥。当我们在考试中发生意外时，自我调节情绪的能力很重要。我们要做到：人易我易，我不大意；人难我难，我不畏难。同时，我们也要不灰心、不沮丧，常常喜乐，凡事感恩。

5. 管理时间

我们要合理安排作息时间，劳逸结合，尽量做到今日事今日毕，读好书和睡好觉两不误，不熬夜学习。即使到高三我们也要保证睡眠时间和质量，这样才能提高听课和做题的效率。每个学期或寒暑假我会早早地画一个校历，把竞赛行程、考试时间及节假日做什么都提前计划好，在执行过程中，我再根据实际情况适时微调。

浅谈系统性学习方法的培养

姓　　名：杨朔凯
录取院系：化学与分子工程学院
毕业中学：浙江省杭州第二中学
获奖情况：2015年第29届中国化学奥林匹克（初赛）浙江赛区一等奖

2015年第29届中国化学奥林匹克（初赛）一等奖

2016年第30届中国化学奥林匹克（初赛）浙江赛区一等奖

2016年第30届中国化学奥林匹克（初赛）一等奖

2016年第30届中国化学奥林匹克（决赛）一等奖并入选国家集训队

2016年杭州市中小学生文化艺术节合唱组一等奖
2016年浙江省中小学生文化艺术节合唱组一等奖
2016年浙江省杭州第二中学"校长荣誉学分"获得者

我的北大梦

> 如果我们能在学习时运用归纳总结和类比的方法，在看似零碎的知识间建立起各种联系，在应用时从某一点出发，联想与其相关的知识内容，就可以做到全面地思考问题。

学习方法是我们在实践中总结出来的，其内容因人而异，但任何优秀的学习方法在本质上都是有共通之处的。现根据我的文化课学习经验、初中三年的信息学竞赛和高中三年的化学竞赛经验，总结我自己的学习方法，供学弟、学妹们参考。

一、学习状态

无论以何种方式学习，学习状态都是决定学习效率的最重要的因素。学习状态与我们的认知、情绪、精神状态以及周围的环境等因素有着密切的联系。

（一）学习状态与目标

1. 目标的重要性

我在初一就参加了信息学竞赛，初一取得了全国青少年信息学奥林匹克联赛普及组（以下简称"普及组"，它相当于初中水平）一等奖，并获得了370分（满分400分）的优异成

浅谈系统性学习方法的培养

绩，在全校排名第一。初二时，与我一起学习信息学竞赛的很多同学都以全国青少年信息学奥林匹克联赛提高组（以下简称"提高组"，它相当于高中水平）为目标，而我认为参加普及组就够了。因此，我在整个初二阶段并没有努力学习信息学竞赛的内容，这直接导致了我在初二时的信息学竞赛成绩只有260分（满分400分），甚至在进入高中后完全无法适应提高组的难度，最终不得不放弃信息学竞赛。

我在高中化学竞赛的学习中对此也深有体会：高三时我校约有20人获得全国高中学生化学竞赛（初赛）一等奖，其实大多数同学的实力相当，但最后有的获得国际金牌，有的也只是获得初赛的一等奖而已。我仔细观察这些同学平日的状态后发现：有一些同学非常坚定地想考进省队，每天都抱着极大的热情认真地看书和做题；有一些同学则觉得进省队要与很多强者竞争，还会影响高考，成本高、风险大，因而决定"明哲保身"，他们失去了目标与动力，最后自然也不可能"更上一层楼"。

由此可见，我们在学习时一定要有一个明确的目标，这对提高我们学习的积极性和效率是非常有帮助的。

2. 目标的确定方法

虽然我们在学习时要有一个明确的目标，但这个目标也不是拍拍脑袋就能想出来的。《菜根谭·概论》中有言：攻人之恶毋太严，要思其堪受；教人之善毋过高，当使其可从。意思是说，指责别人的过错时不要太刻薄，要考虑到对方是否能接受；教人为善不要期望过高，要考虑对方是否能够做到。即凡事要循序渐进，不能一步登天。在心理学上也有类似的论述，称为门槛效应，其内容是：人们一般不愿去接受一个成本较高

我的北大梦

又难以成功的大任务；相反，如果将这个大任务分解成多个易于完成的小任务，人们就会比较乐于接受。

学习亦是如此，如果我们一开始就给自己定一个过高又难以实现的目标，就会使人丧失去实现它的勇气和动力，使人陷入沮丧之中。因此，我们应当给自己定一个有一定难度但通过努力又可以实现的目标。比如，如果你想在一年内背完一本字典（假设有2万个单词），这个目标看起来很大而且难以实现。如果你把这些单词平均分配到每一天，定的目标是一天大约背60个单词，是不是看起来轻松一些呢？如果你定的目标是每餐饭后背20个单词，是不是觉得更有希望了呢？实际上，这三个任务的总量都是一样的，只是我们遇到大任务时会被吓倒，但把任务细化后就容易实现了。

（二）学习状态与情绪

在学习的过程中，我们难免会遇到挫折和打击，让自己陷入沮丧或焦虑的情绪中，有时会感觉自己看什么都看不进去。而且在这样的情绪下，随着时间的推移，我们会感到又浪费了很多时间，对自己的沮丧和焦虑会进一步增强，陷入恶性循环。

我在高中化学竞赛的学习过程中，由于要阅读很多书籍和完成大量的习题，也时常会产生厌学的情绪，持续时间少则几个小时，多则一周左右。要打破上述的恶性循环，我们首先要调节自己的情绪，即要时刻对自己保持信心，通过不断鼓舞自己来调节自己的状态和情绪。

实际上，这正是我们耳熟能详的一个方法——心理暗示。心理暗示本身是无意识的动作，但是如果我们合理利用，是可以有意识地影响我们的学习状态的。不仅在学习上，我们做任何事情在碰到困难时，只要给自己一个正面的心理暗示，排除负面的心理暗示，就能使我们更加顺利地走出困境，走向光明。

（三）学习状态与环境

1. 环境对人的影响

环境是指环绕在我们生活的周围，并对我们产生某种影响的宏观现实。比如，我们学习的时候，周围的人在看电视、打麻将，或者周围是菜市场、工地等嘈杂的环境，都会影响我们的学习效率。虽然有的同学说"我的抗干扰能力比较强"，但是实际上，环境对人的影响是潜移默化的，它会在无形中分散我们的注意力。有研究表明，这种干扰在短期内可能不会对人产生很大的影响，但对人的长期影响是非常不利的。

因此，如果有条件的话，我建议大家选择一个较为安静的环境进行学习。

2. 环境反馈对人的影响

相对于周围环境，周围人们的评论，即环境反馈，对我们的影响则更为显著。尤其是在"刻板效应"的影响下，人们对事物往往抱着片面的认识，如果我们受这些言论的影响，往往会导致错误的决定。下面，我举两个典型的例子来说明环境反馈对人的影响。

一个典型的例子就是参加竞赛。我刚进入高中时，五大科目（即数学、物理、化学、生物和信息学）竞赛的课都去听过，发现参加物理竞赛和化学竞赛的同学极多，最开始时各有约 150 人，但很快就只剩下 50 人左右了。其中的原因是，有一些不适合学竞赛的同学，道听途说"不考竞赛就进不了好学校"，也都跟风来学竞赛，最终半途而废，白白浪费了大量时间。

另一个典型的例子就是选专业。相信大部分同学都认为经济、法学等专业是大学里最好的专业，但是最好的专业未必最适合自己，如果不是自己的兴趣所在，那么我们不仅体会不到学习的乐趣，而且会降低学习的热情和效率。我高中的一位学长，为了能去自己热爱的计算机专业，在大学先后进行了两次转专业，并最终转到计算机专业进行学习。据他本人反映，转入计算机专业后他觉得学习很有乐趣，成绩也有明显的提升。

我们进入大学后，周围也会有各种各样的声音，大家首先要正确地判断和分析这些声音，一定要选择最适合自己的道路，以免半途而废，前功尽弃。

二、学习方法

我们在学习过程中需要注重思考问题的逻辑性和系统性，即系统性学习。系统性学习需要我们将零散的知识串联成系统的知识网络，面对一切问题都从基本点出发，不断添加分支来拓展思维，从而全面地思考问题。下面，我介绍一些全面思考问题所需要的能力。

（一）归纳总结

归纳总结能力是最重要的学习方法之一，下面，以我在化学竞赛中学习的有机机理为例来说明。

请大家观察如下的几个反应：

(1) 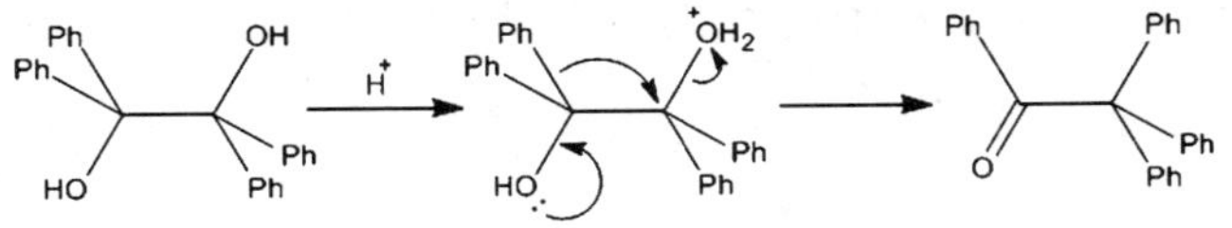 [反应式图]

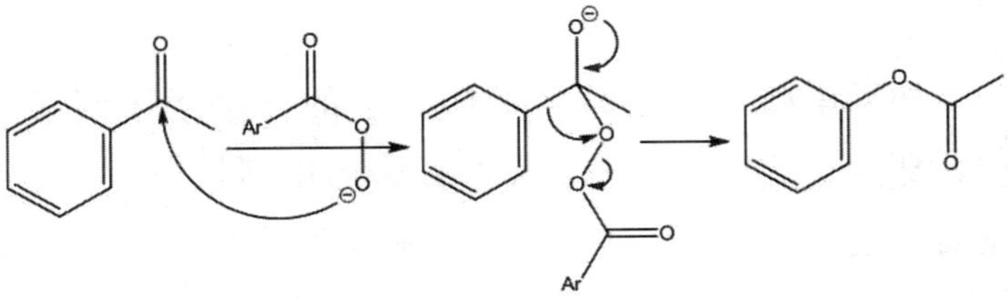

(2) [反应式图]

(3) [反应式图]

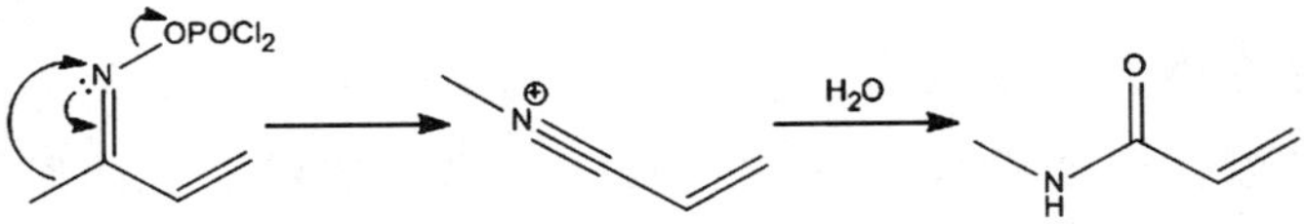

乍一看这三个反应之间没有什么关系，但是实际上，这三个反应都可以归类为"因产生不稳定的正离子而引发的邻位迁移的重排反应"。其本质可以用下图概括：

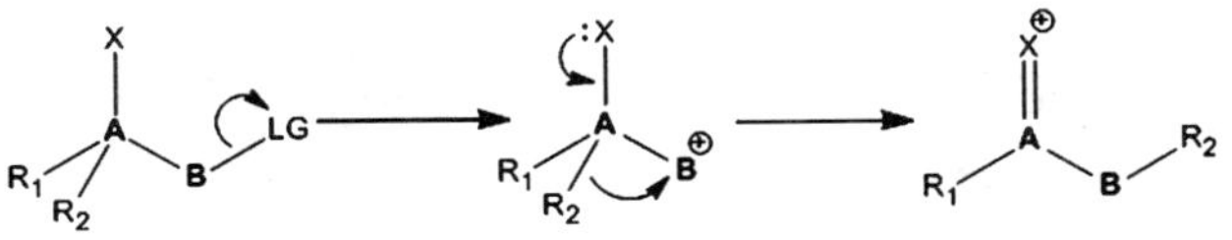

[机理示意图]

由于反应过程中产生了缺电子性的中间体，故可以得出：邻位的基团越富电子，则越容易迁移，这从有机机理上证明了在亲核重排反应中"富电子基团优先迁移"的经验规则。

需要注意的是，归纳总结不一定适用于所有的情况，要注意普遍性中的特殊性。如上述反应中的（3）就是较为特殊的例子，虽然乙烯基比甲基更富电子，但由于空间结构的限制，它只能发生反式迁移，即甲基迁移的反应。

归纳总结可以将零散的知识整理打包，这对已有知识的理解和记忆都有很大的帮助，并且我们学习新的内容时也可以尝试着将其归入某一个已有的"知识包"中，让我们的学习更加轻松。

（二）类比

如果说归纳总结是将切胡萝卜的方法运用到切各种萝卜中，那么类比就是将切萝卜的方法运用到切白菜中。归纳总结是对问题本质的理解，而类比则需要在此基础上对其稍作加工。下面，我仍然用化学问题，以书写 $C_4H_{11}N$ 非离子性的同分异构体为例来说明。

该化合物中含有一个 N 原子，有一级胺、二级胺和三级胺三种情况，每种情况下又需要分类讨论，甚是烦琐。若使用类比的思想，本题就会简单很多。

相信同学们在高中阶段都写过卤代烷烃的同分异构体，其思想为先将卤原子看成氢原子，写出对应烷烃的同分异构体，再用卤原子替换其中的氢原子即可。这里也可以用类似的思想，我们可以把杂原子先看成碳原子，并绘出所有同分异构体后，再将碳原子替换回杂原子。

需要注意的是，由于氮原子是三价基，而碳原子是四价基，为了满足替代的等效性，应将 N 看成 CH。用此法将 $C_4H_{11}N$ 分子式转变为 C_5H_{12}，并绘出其所有同分异构体，如下：

然后将其中的一个次甲基 CH 换回 N 原子，即可得到所有的 $C_4H_{11}N$ 的同分异构体，一共有 8 种，其结构不再一一列出。

我们运用类比思维，不但可以加快解题速度，而且在学习新的知识时，也可以将其与现有知识比较，找出其共同点和不同点，从而加深我们对知识的理解。

（三）建立系统性思维体系

我在化学竞赛学习的过程中，经常遇到过很多同学说："书上的内容都看过，就是做题的时候想不起来"。我在初中阶段也经常出现类似的问题，进入高中后在竞赛教练的引导和自己能力的提升下，我逐渐建立起系统的、严谨的、有规律的思维方式。

我认为，要克服上述同学们遇到的这一问题，首先要打破"知识点"的概念，不能将知识看作零碎的片段。唯物辩证法认为，世界上一切事物都不是孤立存在的，而是和周围其他事物相互联系着的，整个世界是一个普遍联系着的有机整体。知识亦是如此。如果我们能在学习时运用归纳总结和类比的方法，在看似零碎的知识间建立起各种联系，在应用时从某一点出发，联想与其相关的知识内容，就可以做到全面地思考问题。

我根据个人的学习经验，将学习过程分为学习前的准备、学习方法和学习习惯。

1. 学习前的准备

学习前的准备可以概括为"学习状态"，它有内部因素与外部因素两种，内部因素包括情绪、动力和目标等，外部因素包括学习环境和学习情况反馈等。

2. 学习方法

学习方法，即系统性思维体系，结合归纳总结和类比，建立富有条理的吸收知识和思考问题的方法。

3. 学习习惯

在学习习惯中，我们同样根据内部因素和外部因素进行分类思考，内部因素包括笔记和总结等，外部因素包括团队学习等。

由以上的例子可以看出，系统性思维体系不仅对考试有益，而且对日常生活也有很大的帮助。我们可以从各种事情着手建立自己的系统性思维体系，可以是某一门科目的知识，也可以是生活中的一件小事。在平时，我们要养成严谨的思维习惯，这样面对考试时就能镇定自若了。

三、学习习惯

（一）记笔记

1. 记笔记的重要性

笔记是联系人的思维与书中知识的桥梁，它既是书的精髓，又是思维在纸上的再现化产物。因此，笔记的最主要的作用有两个，一是用来帮助大家复习，二是用来帮助大家理解和记忆。

关于复习，有的同学可能认为把书上的重点画一下就行了，这对于高中课本也许是可行的，因为高中课本都比较薄，但对于比较厚的书就不行了。以我在化学竞赛中接触到的两本经典书为例，其一是邢其毅等人编写的《基础有机化学》（第四版），上下两册，超过1000页；其二是格林伍德等人编写的《元素化学》，共三册，超过2000页。对于这么厚的书，在书上画重点显然是不切实际的,而记笔记则能很好地解决这个问题。

我分别用大约300页的A5尺寸的笔记本来记这两本书的笔记。在复习时,我只要翻阅笔记本即可,这不仅大大减少了翻书耗费的时间,还能对重点知识一目了然。由于笔记是思维在纸上的再现化产物,因此我们在将书中的内容转变为自己的知识时,需要根据自己的思维方式进行整理和再加工。这个过程能帮助我们加深理解、增强记忆,而单纯地在书上画重点则没有体现这一优势。

2. 记笔记的方法

无论是在看书还是听课时,我们都可以记笔记。记笔记有一定的方法,自己看书时只需要把书中的内容整理到笔记本上即可,而听课时则需要注意以下一些事项:

上课时老师讲课节奏较快,我们在快速记录时不能及时整理笔记。此时,我建议在课后重新整理笔记,将老师的授课内容转化为适合自己思维方式的知识框架。这个整理工作不能拖太久,我们最好一下课就进行整理,因为拖太久后容易忘记自己之前记录的内容所表示的含义(尤其是快速记录时产生的简写和略写),可能产生知识的疏漏,甚至出现科学性的错误。

(二)学会总结

1. 总结的重要性

曾子曰:"吾日三省吾身:为人谋而不忠乎?与朋友交而不信乎?传不习乎?"我们只有不断温习所学的知识,及时发现自己知识上的不足,不断总结,才能进步。

我的北大梦

有人曾经做过一个实验,将一个班的同学分为三组,分别使用不同的总结方式,具体方式如下:

分组	第一～第四周	第五～第八周
第一组	每天做总结	从不总结
第二组	一周做一次总结	一周做一次总结
第三组	从不总结	每天进行总结

实验结果表明:第一组同学的成绩在前四周良好,而在第五周以后成绩突然急转直下;第二组同学的成绩一直稳步上升,但进步速度很慢;第三组同学的成绩在前四周较差,而第五周以后成绩突飞猛进。

从第一组和第三组的实验结果我们可以发现:每天进行总结可以促进同学们的学习积极性。而从第二组的实验结果我们可以发现:一周做一次总结的效果远远没有每天做总结的效果好,而及时进行总结的效果最好。因此,我们也应当时常去想一想目前的总结做得怎么样了,有什么做得好的地方值得以后借鉴和发展,还有什么不足的地方需要学习和改进等。

2. 总结的方式

我相信大家看过很多名人传记,有的名人在小的时候非常愚钝,但是在一位善良的老师或者一位温柔的家长的谆谆教诲下,最终会走向成功。很多人会认为这种事情都是大科学家或者大文豪才会遇到的事情。

当然,大部分人从小就表现出一定的学习能力和学习水平,不太可能遇到像书中这般戏剧性的发展情节。然而,这些名人的学习经历对我们自己的总结方式是有借鉴作用的。美国心理

浅谈系统性学习方法的培养

学家赫洛克在 1925 年做过一个心理实验，这个实验指出：相比批评性的反思，激励性的总结更能调动人的积极性。因此，大家在进行自我反思与总结时，应当首先肯定自己做得好的地方，对不足之处也不能全盘否定，而应该深入探索改进的方法。

（三）团队学习

我从初中开始就参加竞赛，让我感触最深的就是团队的力量，下面以我参加的化学竞赛为例来说明。

我在高中参加的化学竞赛团队的人数（稳定后）大约有 50 人。在高二阶段，由于开始接触的知识较难，而竞赛教练不可能样样精通，因而开启了同学之间互相授课的机制。在这个过程中，我广泛地吸收了来自其他同学的学习经验和学习方法，并将其融入自己的思维方式中。我过去最擅长的是有机化学部分，而对结构化学一知半解，经过同学们的讲解，我对结构化学也有了深入的认识和了解。正是这样的团队合作学习，让我们的化学知识能够在各方面得到互补，并最终创造出辉煌的成绩。

团队学习不仅有合作，也有竞争。每次考试我们都会排名次，常常会有看起来并不出众的同学得了第一名的情况，这对一些学习成绩很好的同学来说是一种刺激，而对于一些不太出众的同学来说也是一种激励。

可以说，这样的团队既轻松又不失动力，虽然我们也会有争执但并不影响我们之间的友谊。团队的合作与竞争，不仅提高了我们的成绩，而且使我们生活在充满友情与欢乐的氛围中。三年来，我与团队的同学们建立了深厚的情感，这是比成绩本身更加珍贵的财富。

书山有径，治学有方

姓　　名：许瑞晗
录取院系：元培学院
毕业中学：安徽省马鞍山市第二中学
获奖情况：全国中学生物理竞赛（省级赛区）一等奖
　　　　　全国高中数学联赛（省级赛区）二等奖
　　　　　全国中学生英语能力竞赛一等奖
　　　　　"登峰杯"全国中学生学术科技创新大赛数学建模竞赛（初赛）二等奖

我的北大梦

> 我们可以找一些优秀的文章直接背诵而不需要深入了解文章的意思,在日后的尝试运用中再逐渐理解文章的含义,直到使用得足够熟练为止。也许这种死记硬背的方式并不是最好的学习方法,但是纵观几千年历史,学生无不熟背文章,才能听懂先生的讲解,或是自己领悟其中的奥秘,甚至在近代提倡新式教育的梁启超先生等人,也都是通过这种方式为自己奠定了深厚的国学功底,并为后来的研究打下了基础。由此可见,对于一些经典的文章,直接背诵不失为一种简单而有效的学习方法。

高中阶段的学习,时间紧、任务重,然而书山有径,治学有方,好的学习方法总能让人事半功倍。从我的经验来看,一个良好的学习方法要依靠自己的优秀管理。所谓"管理",是指不要墨守成规,而是要结合现阶段自己的学习能力和水平,制订出能在一定时期内发挥作用的目标和计划。好的管理方法可以让我们的学习轻松高效,井井有条。

以下是我结合自己的学习经验总结的一些有关管理的要点,我把管理分为三个方面:学习管理、考试管理和综合管理。

一、学习管理

学习管理主要是指在学习某一科目时,对预习、上课、复习和作业等方面的管理。比如，做笔记，建立错题本，画重点内容等，各种学习管理方法层出不穷，却又大同小异，这里不再赘述。下面，我介绍一些具体的学习管理方法。

（一）二级结论法

二级结论法主要针对数学、物理和化学科目。以物理为例，物理结论分为以下两种：

1. 一级结论

一级结论，就是课本上加粗的黑体字，这部分内容大家必须掌握并熟背。比如，匀速圆周运动的向心力表达式为 $F=mv^2/r$，动能定理为 $W=\frac{1}{2}mv_2^2-\frac{1}{2}mv_1^2$ 以及重力公式 $G=mg$ 等。

2. 二级结论

二级结论，就是根据自己的经验总结出来的一些常用的结论，可以通过一级结论推导，但直接背诵一级结论可以加快做题速度和减少计算失误。比如，当重力加速度为 g 时，在垂直水平面的圆形轨道内做圆周运动的质量为 m 的小球，在最低端和在最顶端对轨道的压力差为 6mg。这个结论可以由一级结论推导，但在做选择题时采用二级结论能迅速解出来，可以为我们节省时间。而且这种熟练做题的方式又可以增加我们的自信心，对提升我们的学习能力非常有帮助。

然而，二级结论往往需要我们自己总结，如果我们没有强大的整理能力，那么所总结的内容不一定具有普遍性，二级结论的威力也就发挥不出来。

（二）维特根斯坦法

哲学家维特根斯坦曾创造了一种用阿拉伯数字来构筑思想框架的方法。他用 1 来表示一个大项，用 1.1 来表示一个分项，用 1.1.1 来表示一个细分项，以此类推。我们使用维特根斯坦法整理知识点和错题非常好用，下面以人教版的《物理必修一》课本为例，该方法的应用如下：

```
1.  运动的描述
1.1  质点：参考系和坐标系
1.2  时间和位移
1.3  运动快慢的描述——速度
1.4  实验：用打点计时器测速度
1.5  速度变化快慢的描述——加速度
2.  匀速直线运动的研究
3.  相互作用
……
```

这种方法通过数字组合直接分类，清晰明了，我们可以对知识点、错题和难题直接进行管理，省去了抄写或者剪贴的步骤，然后再结合便贴纸把要点迁移。我们可以按照个人喜好把一本书进行分类，这个方法大大提高了我们的学习效率。

（三）背诵法

背诵法主要针对语文和英语科目。我们可以找一些优秀的文章直接背诵而不需要深入了解文章的意思，在日后的运用中再逐渐理解文章的含义，直到使用得足够熟练为止。也许这种

书山有径，治学有方

死记硬背的方式并不是最好的学习方法，但是纵观几千年历史，学生无不熟背文章，才能听懂先生的讲解，或是自己领悟其中的奥秘，甚至在近代提倡新式教育的梁启超先生等人，也都是通过这种方式为自己奠定了深厚的国学功底，并为后来的研究打下了基础。由此可见，对于一些经典的文章，直接背诵不失为一种简单而有效的学习方法。

1. 语文的背诵

以语文为例，我从高一开始背诵《大学》，至今《大学》的警世箴言仍历历在目：

> 大学之道，在明明德，在亲民，在止于至善。知止而后有定，定而后能静，静而后能安，安而后能虑，虑而后能得。

我熟背这些文章之后就开始在作文中运用，运用中能够加深自己对所背内容的理解，理解之后又可以加深自己对经典文章的记忆，由此形成良性循环，同时作文也增色不少。

2. 英语的背诵

再以英语为例。我曾背诵塞缪尔·厄尔曼的 *Youth*：

> Youth is not a time of life; it is a state of mind; it is not a matter of rosy cheeks, red lips and supple knees; it is a matter of the will, a quality of the imagination, a vigor of the emotions; it is the freshness of the deep springs of life.

在熟背文章之后，我在英语作文中直接运用高级词汇和表达法，比如 it is a matter of, a vigor of the emotions 等，为文章增色不少。

至于文章的选择标准，我以文约辞微、寓意深刻者为上。起初，我觉得这样的方法只注重成绩而忽略了文章真正的内涵，但是实际运用后我才发现，这样的方法更能加深自己对文章的理解。我们在不同的环境下使用这些词句时，其实已经注入了自己对它们的不同理解，在多次运用后这些理解就变得愈加深刻，情操得到了陶冶，素养也得到了提升。需要注意的是，这样的文章求精不求多。

（四）反馈法

在学习中，日常反馈是总结知识和改进学习方法的基础。清华大学马冬晗和马冬昕姐妹的学习计划表里就有她们对自己每天学习生活的评价。比如，我们可以对一道题目、一张试卷和一天的学习和生活进行总结和归纳，分析优劣，并且对学习方法和未来的生活规划进行改进，有效地提升自己的学习和生活能力。对于试卷和题目的反馈，我们可以直接记录在试卷或题目的旁边，如果空间不够，则我们也可以借助便贴纸；对一天学习和生活的反馈，我们可以用记事本进行记录。

反馈是一个需要长期坚持的活动，我们把日常反馈作为一个习惯，对学习和生活都非常有益。

二、考试管理

我们仅仅有学习方法是不够的，如果考试时考不出自己真正的水平，则所有的努力都会付之东流，而精神上的损伤更是难以弥补。因此，我们掌握一定的考试技巧也是非常有必要的。

书山有径，治学有方

考试管理，要求我们从命题者和阅卷者的角度出发。

命题者的角度，即我们要从命题者的立场出发，考虑可能针对哪些方面来提问、问题的关键是什么。

阅卷者的角度，即我们要从阅卷者的立场出发，考虑什么样的答案符合阅卷者预想的满分答案。

我们只有掌握好这两个角度，才不至于像没头苍蝇一样乱撞，才能在考场上掌握主动权。

考试管理分为时间管理和空间管理。

（一）时间管理

时间管理是指我们在对考试内容和考试形式非常了解的情况下，对做题时分配给每道题目时间的长短和做题的先后顺序的安排。如果我们没有良好的时间管理，那么考试时就不能很好地调整自己的考试状态。一旦我们碰到难题，就很容易乱了阵脚。我们只要掌握了时间管理的方法，了解自己的时间分配情况，就能在考试时做到临危不惧。下面，我介绍具体的管理时间的方法：

1．"不择手段"法

对于选择和填空题，不一定要像解答题那样用严谨的过程解题，只要我们"不择手段"地找到能得出正确答案的方法，就是好方法。常见的方法有排除法、极值法和赋值法等。但是，我们在使用时，要注意以下两点：

第一，个别多解型问题在运用这些方法的时候可能会出现漏解。

第二，"不择手段"法不是瞎猜答案，保证正确率是使用这种方法的前提。

2. 单一法

考试时,我们要在有限的时间内做完题目,如果一道题目我们做到一半就放弃,再用其他方法来做一定会延长做题时间。这时,我们就不要在这道题目上多下功夫。即使选错了,也不要去更改,否则只会耽误更多的时间。因此,在做题之前我们一定要决定好用哪一种方法。这种选择合适方法的能力不是临场发挥出来的,需要我们在平时多积累和多总结。

在用单一法时,我们要注意以下两点:

第一,题型与方法的绑定。我们平时在进行总结时要注意一种题型固定用一种方法来解,集中训练这种方法,做到一见到题目就能立刻想到对应的解法。

第二,不能拘泥于一种方法。单一法是在考试时用的,只有我们平时在做题时比较各种方法的优劣,考试时才更有可能做出正确的选择。

下面,我以数学圆锥曲线解答题为例来说明单一法。

圆锥曲线题有以下三种基本方法:

(1) 直接法

直接设出直线方程,与圆锥曲线方程联立求解。直接法对计算要求比较高,但思路清晰,是一种比较普遍的方法。

(2) 点差法

这是一种设而不求的方法,可以消去多余的未知数。点差法计算简便,但思路比较灵活,在遇到分类讨论等题型时可能不适用。

(3) 极坐标和参数方程法

圆锥曲线的极坐标方程对于求解焦半径问题特别有效;而圆锥曲线,特别是椭圆的参数方程对求解面积问题非常有帮助。

至于我们在具体实战中具体选择哪种方法，则要根据题目的类型并结合自己的经验来判断。

（二）空间管理

空间管理追求的是清晰和简洁，它的具体要求如下：

1. 分点、分行规则

我们仍采用维特根斯坦法，如果把前面的例子写成：

> 1. 运动的描述，1.1 质点：参考系和坐标系，1.2 时间和位移，1.3 运动快慢的描述——速度，1.4 实验：用打点计时器测速度，1.5 速度变化快慢的描述——加速度，2. 匀速直线运动的研究，3. 相互作用……

看起来就不那么舒服了：一是数字标号混乱，层次不清晰；二是空间上没有换行和缩进。如果我们把上面的维根斯坦法分点、分行排列，就层次分明了。考试中也是一样，我们答题时一定要遵循分点、分行的规则，甚至草稿纸都要划分成区域来答题，这样既不会被一团又一团的"乌云"打乱思路，又方便了后期的检查。

考试时，考生经常会犯以下两种错误：

第一，答题不分点。考试时，学生要面对紧张的考试氛围；而阅卷时，老师要面对紧张的阅卷氛围。我们要知道考试的参考答案是分点的，阅卷老师也是按得分点来给分的。如果所有答案都挤成一团，得分点之间甚至有交错，就会影响老师的阅卷速度和心情，老师也就很难找出正确答案，即便你写出了正确答案，也可能得不到分。

第二,分点、不分行。有的学生从右往左写答案,答案写的东一块、西一块的,阅卷老师只能顺着箭头到处找答案,想想就觉得揪心。因此,我们要养成从左到右,从上到下,分点、分行书写的好习惯,这对我们今后的学习大有裨益。

例如,2017年全国Ⅱ卷语文试题第6题答案写成下面的格式:

> ① 人称灵活变换使用,使行文更流畅、思维不受阻碍;
> ② 以拉家常的口吻娓娓道来,更显亲切,拉近与读者的距离;
> ③ 使读者体会到作者的真诚态度,增加了内容的可信度。

可见,用小序号分点、分行来写答案不会占用太多空间,而得到的却是清晰的解答和理想的分数。

2. 答题规范

下面,以2017年全国Ⅰ卷理综第24题为例(省略所有物理表达式)来说明答题规范:

> 飞船着地前瞬间的机械能为……
> 式中,……和……分别是飞船的质量和着地前瞬间的速率。由①式和题目所给的数据,可得……
> 设地面附近的重力加速度大小为……,飞船进入大气层时的机械能为……
> 式中,……是飞船在高度……处的速度大小。由③式和题目所给的数据,可得……
> 飞船在高度……处的机械能为……

书山有径，治学有方

> 由功能原理，可得……
> 式中，……是飞船从高度……处至着地瞬间的过程中克服阻力所做的功。
> 由②⑤⑥式和题目所给的数据，可得……

我们仔细观察高考试卷的参考答案，就会发现物理学解答题的规范无非就是：

> 对……（过程），由……（定理或定律），可得……（方程）

再加上开头设变量，结尾解得答案，一道物理题就解答完了。而且，高考物理题大多数是与物体运动有关的题目，只要分析清楚运动的过程，再结合上面的答题规范就可以完整地解答一道题目。

此外，物理解答题是按照方程来给分的。因此，我们注意不要将多个方程写成一个方程，否则一旦失误，所有的方程分数都没有了。

三、综合管理

综合管理是指学生结合个人的学习情况，对各科目的投入时间进行分配。正如我们所熟知的木桶效应，木桶所能盛的水是由最低的木板（也称短板）决定的，补短板是学生提高成绩的重要途径。我们只要明确自己的真正短板，就能找到学习的重点，从而找到适合自己的学习安排。

我的北大梦

对于综合管理,我的主要做法是:限时定量。

比如,在连续几次考试中,我的化学成绩不太理想。后来我找到了自己的薄弱环节——物质结构与性质,于是我选择一套适合的参考资料并结合自己当前的水平,每天限定在50分钟内完成大约3讲的内容,一个星期左右就做完了一套参考资料。因为题目难易程度不同,所以我会根据自身情况适当地调整做题的节奏。之后,我又花了一些时间和精力整理了难题和错题。经过这一段时间的训练,我对相关题目的熟练程度确实有了提高。接着,我又开始总结下一个薄弱环节——物理的解答题,并制订计划开始新一轮的训练。

除了紧张的学习生活之外,为了保持良好的心态和充沛的精力,我们还需要注意以下两点:

(一)合理的睡眠

不同的人对睡眠有着不同的需求,因此我不建议每个人都要遵守必须保证每天8个小时的睡眠这种硬性规定。我认为每天的睡眠时间能保证第二天有充足的学习精力即可。有些同学熬夜学习,我认为是得不偿失的。因为盲目地牺牲睡眠时间并不一定能有效地提高学习成绩,而且昏昏欲睡时刷题的正确率也不高。就我个人经验来看,提高学习效率比延长学习时间更加重要,对自己的学习进行限时、定量的管理更为有效,高效做题的要求本身也更符合考试的情境。

(二)适当的锻炼

我强烈推荐大家长跑——没有什么运动比长跑更能锻炼体能和磨炼意志了。学习正像一次长跑,高强度的学习需要强壮的体能和坚强的毅力来支撑，而读书和跑步又可以互相促进、互相补充，在高考冲刺时更应保持适当的锻炼。长跑能够增强我们的体魄，培养我们的自信，磨炼我们的意志。因此，我在高中阶段为自己安排了每星期大约三次的长跑，而且跑步时我经常想：我感觉到累了，就好像感觉到厌学一样；我改变了一种呼吸方式，就好像换了一种更适合自己的学习方法一样；我被其他的人超越了，就好像学习上被竞争对手挤下去一样；我冲过终点了，就好像在高考的道路上迈出了最后一步一样……我时时刻刻都能把长跑和学习联系起来，因此我更坚定了坚持长跑的习惯。

《中庸》有言：博学之，审问之，慎思之，明辨之，笃行之。书山有径，治学有方，然而单凭好的方法远远不够，没有拼搏的勇气，没有坚持的毅力，再好的方法也无济于事。我在这篇文章中总结的，是可以借鉴的经验；而文字所不能传递的，是你个人的付出，而且我认为这部分不能传递的内容更加重要。

这里引用马云的一句话：今天很残酷，明天比今天更残酷，后天很美好，但是绝大部分人输在明天晚上，没有机会看到后天。因此，我们要坚信付出一定会有回报，矢志不渝地走下去；要坚信，艰难困苦，玉汝于成。

掌握方法巧用功，拼搏努力迎辉煌

姓　　名：钟俊宁
录取院系：考古文博学院
毕业中学：广东省中山市第一中学
获奖情况：2016年北大"培文杯"全国青少年英语创意写
　　　　　作大赛二等奖
　　　　　中山市第一中学"百佳学子"

我的北大梦

> 高一到高二这段时间，我把它称为"蓄力与积累期"，在这段时间我们不需要像高三那样高强度地刷题，并为一时的成绩波动而改变三年的大布局。这两年其实是十分关键的，何以见得？高一、高二的作业和考试相对较少，我们可以支配的时间较多，心态也更为放松；待到高三时，时间紧张，纵有再多的计划也完成不过来。

欧阳修有诗云：无哗战士衔枚勇，下笔春蚕食叶声。读书十余载，终于天遂人愿，我拥有了在巍巍博雅塔下、融融未名湖边求学问道，享受中国优质教育资源的宝贵机会。回首往日的学习得失，我还是有很多体会与感慨的，借此机会与学弟、学妹们分享。这里，我主要与大家分享高中阶段的学习经验与方法。

一、系统性学习

学习是一项系统性工程，如果我们想在高中的学习中成功地脱颖而出，就要从系统优化的角度掌好学习的舵。

（一）身体健康是学习的第一保障

我的体质较差，高中三年的学习任务又繁重，我经常被感冒和肠胃不适等疾病所困扰，为此吃了不少苦头。而我最想提醒大家注意的是颈椎的问题。我们长时间的低头看书，再加上坐姿不正确，很容易患颈椎方面的疾病。高中时，我们班有四五名同学不同程度地受到颈椎病的困扰，给学习和生活造成极大的障碍。

（二）保持乐观自信、一往无前的心态

毛泽东有诗句言：自信人生二百年，会当水击三千里。高中三年一定是艰辛的，是一条充满汗水与泪水的光荣的荆棘之路。我们寒窗苦读十余载，有家人殷切的目光，有老师期待的眼神，我们注定是高考这个大舞台中拼搏的主角。"书山有路勤为径，学海无涯苦作舟"，这就要求我们有一往无前、坚韧不拔的精神，当然，这并不代表硬干、蛮干。在高中学习动力不足的时候，我不会一味"加油"，而是会减减速，比如看一场电影，踢一场足球，甚至只是发发呆，看似浪费时间，实则是为后面的学习蓄力，须知"磨刀不误砍柴工"。而且高中考试成绩起伏实属正常，大家千万不要制定不切实际的过高的目标，给自己太大压力。我们只要以良好的心态为引，就能奏出最美的学习之歌。

下面，我分科目为大家介绍具体的学习方法。

二、科目学习方法

（一）语文

我们在学习语文时，要在平时多注重积累。语文学习不在临阵磨枪，而是滴水穿石。我们可以每天背一首诗词以弄清其意思、典故和情感手法，读一篇经典散文以积累优美词句，赏析报刊的时评文章以品其逻辑分析，这些都是学习语文的"大招"。我们一定要利用高一和高二相对充裕的时间，把语文基础打牢，到高三熟悉答题技巧后就能如鱼得水。高三时，数学与文综占用的时间会比较多，留给语文的时间有限，因此我们在高一和高二做好积累就显得十分有必要。

语文科目的主观性相对较强，作为阅卷老师的第一印象，考生的字体就显得十分关键。在这一点上，我也有切肤之痛。我的字一直写得不工整，经常被老师批评，当然考试成绩也不理想。高三时我发奋练习字体，但积重难返，收效甚微。因此，我建议大家有时间多练一练字，清晰工整的字体，不但让人赏心悦目，而且会赢得阅卷老师的青睐。

（二）英语

我们在学习英语时，要抓住语言学习的要诀，把听说读写有机结合。就我考的全国Ⅰ卷而言，英语难度相对不高且试题变化不大，是时间消耗较少的科目之一。我们上课时要紧跟老师的步伐，不要忽视英语的细小知识点，因为英语考点很全面，所以每一个知识点我们都应认真对待；当然英语作文的书写也十分关键，我们要书写工整，有时间也要多练一练英文字体。

下面，我介绍一下自己在学英语时的具体做法：

① 对于词义猜测题，我建议考生学习英语构词法，了解词根和词缀代表的意思，这样做这类题型就会得心应手。

② 我们在高中英语学习中普遍存在忽视听力与口语的情况，我认为这是不利于整个英语学习的。听力与口语对英语学习的重要性显而易见，在全国Ⅰ卷英语考试中也有听力部分，

口语与听力紧密相连，不可分割。而且，我们在做完形填空题时，语感有时也是解题的关键，语感并不是虚无缥缈的东西，是我们在了解一门语言后对它的感觉与体会，须知语感是要我们进行大量听与读之后才能培养出来的。

（三）文综

文综满分是 300 分，在高考满分 750 分中占的比例比较大，也可以说它是拉分最大的科目。我在高中因为文综拖累总成绩的情况经常发生，希望学弟、学妹们能引以为鉴。下面，我介绍具体的文综学习方法。

首先，我们要学好文综，就要先拿下选择题。全国Ⅰ卷文综的选择题分值大、难度高，我们对不同的科目要有不同的学习方法：对于地理选择题，我们要掌握分析新情景的能力，掌握容易忽视的生活常识，同时加大训练量，精准把握命题者的命题思路；对于政治选择题，我们应细心选择；对于历史选择题，我们应遵循"论从史出"的原则，对绝对的选项应慎重，模糊的选项更可能是正确答案。

其次，文综大题的关键是控制时间，书写要工整，要点要清晰。

下面，我介绍一下自己在学文综时的具体做法。

1. 地理

对于地理新题型、新思路，以及涉及科技型和生活型的题目，我们应记在笔记本中。

2. 基础知识点

对于基础知识点，我们一方面应每天勤加背诵，另一方面应借助思维导图和核心提炼等方式进行记忆。

3．历史

对于历史选择题，我们可以分为漫画、材料提取和史学方法等题型；大题要多总结角度，不必过分拘泥具体答案。

4．政治

对于政治，我们平时应关注党与国家的重大会议，国内和国际的重大事件，积累术语，这样考试时才能对选择题的专业术语有足够的把握，才能得到大题得分点中的时政分。

5．文综题目

我们把平常做过的文综题目（整套）认真吸收，先从整套试题，如时间分配、科目难度上领悟，再从细节上消化每一道题目。此外，我们可以把有价值的题目剪下来粘贴在笔记本上，以便日后复习。

（四）数学

无论文科还是理科，数学都是其中的"牛鼻子"，对我们高考的总成绩起到重要作用。下面，我介绍一下自己学习数学的心得体会。

1．我们要有良好的学习心态

"心明一切皆明"，我们首先要摆正心态，既要充分认识数学的重要性，又要在考试中稳打稳扎，不刻意追求完美，把该做对的题目做好，我认为这样的学习与考试就是成功的。

在高中的数学学习中，大部分时间我都能在数学考试中取得优异的成绩。但是在高三上学期，我的数学成绩有所下滑。

经过一段时间的反思，我终于找到了数学成绩下降的原因：我在考试中过于追求完美，选择题、填空题和基础大题匆匆而过，做错了会做的题，然后又拼命研究压轴题，赶着做不会做的题。在调整心态、合理分配时间以后，我不但将选择题、填空题和基础大题逐一击破，而且在改进做题节奏后，压轴题做起来也更如鱼得水。

2. 我们要有针对性地购买数学练习册

对于数学来说，我们购买适量的数学练习册并完成一定的训练量是十分必要的，这不但能拓宽我们的解题思路，还可以维持我们的做题速度与手感。在高考之前，有些同学喜欢看错题本，回归课本而忽视做题，这反而不利于数学考试的发挥。数学是理科科目，做题是十分重要的，但我们也应适度，不可一味刷题求心理安慰而不加总结，这反而无益。

3. 错题本和典型题本

用好错题本与典型题本对于提高数学成绩是很有帮助的。错题就不用解释了，而典型题可以为我们提供新方法或新思路。在这两种记录本的使用上，我会将题区分为选择题、填空题，基础大题与压轴题三个部分，每一个部分又拆分为数列、三角函数和导数等知识点，这样所学的知识就一目了然了。其实，数学题目中大部分都有"母题"，我们只要对典型、巧妙的解法与思路进行总结，考场上碰见新题目时便不会觉得陌生，答题也更得心应手了。

4. 运算能力与心算能力

运算能力与心算能力在考场中十分重要。全国Ⅰ卷中的众多题目都需要有一定的运算量，这就对我们的计算能力提出较高的要求。即我们不仅要算得对，把该得的分数得到，而且还要算得快，避免耽误时间。我认为提高运算能力与心算能力的做法并不复杂：平常的练习我们要独立认真完成，把难算的题目、算得快要崩溃的题目继续算下去，并把平常计算中易犯的错误记录下来，只要我们坚持这样做，便可提高运算能力与心算能力。

5．恰当地运用解题技巧

我们在做选择题和填空题时应掌握快速解题的技巧，如特殊法、代入选项法和选项关系排除法等，以提高做题速度。但在实际考试中，我认为无论是选择题、填空题，还是大题，技巧只是其中一种手段，因为考试时我们都会比较紧张，时间又紧迫，很难在每一道题目中都运用快速解题的技巧，这时只要把题目解答出来即可。

三、高中三年的学习安排

前面我介绍了高中的总体学习方法，但为了更好地帮助学弟、学妹们应对高中的学习，下面我向学弟、学妹们介绍高中三年在不同时间的学习安排，从高一到高三按时间顺序叙述。

（一）高一、高二的学习安排

在高一入学后的第一个学期，我们除了要做到适应新环境以外，还要为文理分科做好充足的思考与准备。高一到高二这段时间，我把它称为"蓄力与积累期"，在这段时间我们不需要像高三那样高强度地刷题，并为一时的成绩波动而改变三年的大布局。这两年其实是十分关键的，何以见得？高一、高二的作业和考试相对较少，我们可以支配的时间较多，心态也更为放松；待到高三时，时间紧张，纵有再多的计划也完成不过来。我在高三时，经常听到同学们说的一句话是："我要是在高一、高二就把这些问题解决了多好，现在没时间了，没办法了。"可见高一、高二的学习对高三冲刺具有不可忽视，甚至至关重要的作用。

那么在高一、高二这段"蓄力与积累期"，我们应该完成什么工作呢？

1. 我们要把书写练好，字书写的好是考试的增分点

书写分为汉字的书写与英语的书写，我们应该在这段时期练好字，书写要美观工整，速度要控制得当，这样就不会在高三时为了书写得不好看而唉声叹气了。

2. 我们要提升阅读量，增加个人积淀

课外阅读往往被大部分人所忽视，以为这是无所事事、浪费时间。其实，在合理的规划与自我管理下，阅读是一个很好的学习方法。所有的学生都会学习课本中的知识，那么在高考这种选拔性的考试中，学生之间如何能分出高下呢？一部分就在于学生的课外阅读。从浅层次来说，语文作文的素材、名人名言、论点论据，古诗文阅读，历史对课外史料的考查，地理对名山大川的了解，政治对时政的把握，学生都可以从课外阅读中汲取到养分；从深层次来说，学生思考的深度与广度、应变能力等也可以在课外阅读中得到提升。我高中的老师推荐我们阅读《唐诗鉴赏辞典》《宋词鉴赏辞典》《中国近代史》，以及国内外各类文学名著等不同类型的著作，而且我也收到了不错的效果。

3. 我们要培养个人良好的学习习惯，并加强体育锻炼

我们良好的学习习惯为高三冲刺做直接保障，体育锻炼为高三冲刺提供支撑，二者缺一不可。

（二）高三的学习安排

到了高三冲刺期，我们就应增加做题量，从做题中寻找解题方法，并探索如何把之前高一、高二学到的知识运用得灵活自如。

1. 第一轮复习

在高三第一轮复习中，老师一般会带领我们把高中学过的知识全都过一遍，如果我们能够耐下性子，一步一步、扎扎实实地复习，把高中所学的知识点都弄清楚，不要留下知识盲点，并在此基础上辅以适当的练习题，第一轮复习就能取得理想的效果。

高三第一轮复习时学生往往容易烦躁（当然也包括我），觉得老师上课讲的内容自己都会，上课再听纯属浪费时间。其实，高三第一轮复习是第二轮、第三轮复习的基础，如果我们把知识掌握得不全面，何来第二轮和第三轮的专题突破呢？更毋论应对高考了。身为一名文科生，我想提醒文科的学弟、学妹们，高三第一轮复习是掌握该记、该背内容的最佳时机，比如政治与历史的知识点、数学的公式和原理、语文背诵的课文等都应该落实到位。

2. 第二轮复习

到了高三第二轮复习，我们应该增加做题量，巩固学到的解题方法，并紧跟老师的步伐进行专题突破，这时不再需要全盘复习，而是要重点攻克薄弱科目和薄弱知识点，找准考试的"增分点"。

3. 第三轮复习

在高考前的第三轮复习中，我们要放松心情，回顾梳理所学的知识，把不需要的资料处理掉以减轻负担，接着便可以轻装上阵了。

上面我为大家介绍了自己的学习经验，但鲁鱼亥豕，在所难免，而且我认为每个人的学习特点各异，我们需要探索真正适合自己的方法。希望我的经验能给大家带来一点启发与感悟。

愿你们顺心愿而行

姓　　名：蓝　丹
录取院系：法学院
毕业中学：广东省东莞市东华高级中学
获奖情况："叶圣陶杯"全国中学生新作文大赛优秀奖
　　　　　全国中学生创新作文大赛初赛三等奖

我的北大梦

> 因此，我们要端正态度，每次课后及时复习要背诵的内容，每次大考前都可以利用这个机会把所有的知识点过一遍。这样，三年下来，我们就会对背诵过的课文做到信手拈来了。

窗外正是8月的艳阳，而我的心绪却回到6月的那个清晨，回到高三的那些时光，自己也曾在每个中午，学习疲惫之时翻开北京大学的学长、学姐们介绍学习经验的书，一点一滴的经验伴随着那些一字一句，似有人在耳畔轻轻诉说。于是，当我得知征文的消息时，我也迫不及待地想用文字记录下自己的一些心得，让学弟、学妹们知道：在学习的这条漫漫长路上，其实不是永远遍地荆棘的。

在求学路上，就我个人的经验而言，我觉得最重要的就是"顺心意"三个字。因此，在尝试适合自己的学习方法之前，我希望所有的考生都能先问问自己：我的心意究竟为何？我真的愿意在这条路上走下去吗？我真的明了自己的心意吗？如果我们最后听到了心底坚定的声音，那么剩下的路就清楚了很多，只要顺着自己的心意而为即可。我们在遇到困难和挫折的时候，在坚持不下去的时候，在努力了很久都没有看到成效的时候，在成绩突然忽上忽下的时候，在他人的嘲笑快要让自己听不到心中的声音的时候，始终能顺着自己的心意走下去。你若内心澄明，又何惧尘埃拂面？你若心向光亮，

愿你们顺心愿而行

又何惧背后的黑暗？

学习，不过是顺心意而为，不怕千万人阻挡，只怕自己投降。

接下来，我就分科目为大家介绍我的学习经验。

一、语文

（一）选择题

语文选择题的分值很大，而语文选择题与我们的做题思路和状态有密切联系。下面我为大家详细介绍语文选择题的类型。

1. 小阅读题

语文的小阅读题无疑是最耗费脑细胞的考题，需要我们保持一个十分清醒的头脑和严谨的思维。因此，我建议大家在考试和平时训练时先做小阅读题。我们在做小阅读题时一定要把文章认真地通读一遍，这样脑子里会对文章内容有初步的印象，在做选择题时，就能够比较轻松地找到题目所对应的原文。对于做小阅读题实在有困难的同学，我觉得最有效的方法就是平时保持一定的训练量，而且训练的题目一定要选择来源正规的历年真题。当我们的小阅读题达到一定的训练量的时候，就能够比较准确地判断出那些与原文有出入的选项哪些是偷换概念的，哪些是放大范围的。

2. 文本阅读题

相对于小阅读题来说，文本阅读题比较简单。在做文本阅读题时，我们也需要耐心地通读全文，让自己能够站在作者的角度去思考问题。虽然这样做会花些时间，但是我觉得很有必要。

3. 古代诗文阅读题

对有些同学而言，古代诗文阅读题是有难度的。我建议高一、高二的同学，从现在开始就买一本有关古诗鉴赏的书，每天阅读几首，以便提高自己在古诗方面的文学素养。如果高三的同学能挤出时间每天阅读一首古诗是最好的，若是实在没有时间，也可以通过看题（不一定要全做）来拓展自己的知识面，提高文学素养。此外，我们要通过多做题自己总结出一些做题的方法。

4. 语言文字运用题

语言文字运用题主要考查我们平时对知识的积累，例如，我们可以收集成语、病句、关联词、图文转化和对联等资料。但是，病句还需要我们总结错因，积累一些特殊的错误表现形式（比如累赘、重复等），以及有时我们会因为用语习惯而很难发现的一些错误。

（二）大题

我们在做大题时，要注意以下几点：

① 书写一定要好，不用很漂亮，但字迹一定要工整，字的大小要一致，卷面要干净。

② 答题要点一定要写序号，序号之间要有一定的间隔。

③ 我们要总结收集一些典型的题目，形成自己的答题模式，分清楚先回答什么后回答什么，什么是直接回答的，什么

是要联系文本回答的。

④ 关键词一定要突出，这样老师在阅卷时能够一眼看到答题要点并给分。

（三）作文

我们在写作文题时，要注意以下几点：

① 我们一定要先喜欢上写作文并能享受这个过程。

② 素材的收集是很重要的。平时我们可以将名人名言按专题来收集，比如诚信、勇气和感恩等专题，每个专题下面不要有太多名言，5句左右即可。我们可以在低年级的时候坚持背一些美文，并将它们运用在自己的作文中。此外，议论文中论据收集的渠道也有很多，除了经典的实例以外，我们还可以收集时事新闻。我们在收集论据时可以把事情的经过看完，但是记在本子上时，可以把它浓缩成一句话，只要清楚地表达谁在哪里干了什么即可。为了直观清晰，我们也可以在后面用括号注明这句话适用于什么话题。

③ 关于作文的写法，每个老师都有自己的教学方式，此处不多介绍。我给大家分享我的语文老师的一个观点，即我们可以把所有的作文都当成时评来写，所有的时评都要就事论事，其实文采之类的都是次要的，首先一定要把事情和道理说清楚。

二、数学

下面，我为大家介绍我在学习数学时的一些经验。

（一）关于错题本

我个人觉得，错题本是在数学学习中必不可少的工具。我建议大家准备三个错题本：一本用来收集压轴题，即解析几何题和导数题；一本用来收集其他大题，即三角函数题和立体几何题等；还有一本用来收集小题。我们在整理错题时，一定要注意将错题进行分类，题目和答案解析用不同颜色的笔来写。在收集大题的答案时，我们不能够图快，一定要耐心地把答案写完整。在后期，特别是到高三下学期，我们就没有必要再收集错题了，可以多准备一些彩色便贴纸，把试卷按照做的顺序排列好并用夹子夹起来，每次写完一张试卷就标明日期，然后用彩色便贴纸写明做错题目涉及的知识点和错误类型（比如粗心大意和计算错误等），这两个要用不同的彩色便贴纸来区分。我建议大家把题号也写在彩色便贴纸上，这样能够一目了然。

（二）关于数学课本

很多学生都不太在意数学课本，可是当我们进入后期复习阶段时，数学课本是无论如何都要翻看一遍的，因为高考命题者是以我们学的数学课本为基础命题的。在高考前的几个月，我们就可以着手看数学课本了。至于怎么看，我的做法是一定要做笔记，尤其是立体几何。我的笔记本上记录了立体几何中的定理、概念、例题以及习题中要求证明的公式等。我们要尽可能地把数学课本中所有的知识点都覆盖到，这样做题时才能从容不迫。

（三）关于训练

在是否要多做数学练习题这件事上，很多同学的身边会出现两种不同的声音：一个是数学成绩只能通过做题来提高，另一个是数学不能一味刷题。其实，我们仔细想想，这两种说法并不矛盾。

我认为数学肯定是要刷题的，我们最好是将专题训练和套卷训练结合起来做。在做专题训练时，我们没必要每个专题都做，而是选择自己的知识点掌握得最薄弱的题来做。在高三，老师会加大试卷的训练量，所以我们回家时不必自己再找试卷来训练，跟着老师的节奏即可。但是在放假的时候，我们还是要保证至少两天做一套试卷。平时，我们也可以自己找一些选择题和填空题来训练，自己限时、自己批改。我们把选择题和填空题做得快一点，可以在考试时为其他题多争取一些时间。

此外，对于实在解不出来的题，我们就果断跳过去，并让我们的内心保持沉稳。我在做题时，永远都相信最后自己是可以把题做出来的，而且我确实每次都可以做出来。在考场上，我们一定要相信自己的能力。

三、英语

学好英语，我认为首要的也是保证要有一定的做题训练量，来保持自己的做题手感和题感。下面，我和大家分享一下我的英语学习方法。

（一）阅读理解题

首先，和做语文的小阅读题的方法一样，英语的阅读理解题要先通读全文；其次，我们根据题目去文章中快速找到答案所在的区间；再次，我们在文章中找到相关文本之后，就用线把它们画下来；最后，我们再画一条线连接文本和相关的题目，这样我们在检查的时候就会方便很多。我们做阅读理解题时切忌想太多,即过度推理,只要就题论题即可。同时,我们也要注意一般出题的顺序与文章叙述的顺序是一致的。

(二)完形填空题

做完形填空题时,首先,我们要把文章读一遍,暂时先不用管那些空格;其次,我们读完文章后,再回头开始做题,这样在先了解文章大概意思和情况下再答题就会比较顺利。

(三)语法填空题

在做语法填空题时,我们尤其要注意的是时态、人称以及单复数的变化,一般每个空格都对应不同的考点。

(四)短文改错题

短文改错题考查我们的英语综合技能,每道题都有不同的考点,最能反映一个人的语言功底。虽然短文改错题考的知识点比较多,但也有一定的规律可循,比如常考的是形容词与副词的误用、名词的单复数误用、代词的误用等。做完题后,我们一定要重读全文,检查改过后的句子是否通顺,时态是否一致,是否合乎逻辑等。

(五)作文题

作文题需要靠我们平时的积累。相较于语文作文题而言,英语作文题比较简单,它有一定的模板。我们可以按专题来收集素材,比如旅游、学习和假期等。我们不仅要收集短语和句子,还要收集一两篇美文。我建议大家收集的模板也按专题来分类,比如请假条、道歉信和邀请信等,不仅要记下模板和一两篇范文，还要记下老师在课堂上的提示。此外，我们在写英语作文时也要注意书写。

四、政治

文综方面是我的弱项，我唯一比较擅长的就是政治，下面，我谈一下这个科目。

（一）关于笔记

我的政治笔记分为很多个部分，但都汇总在一个本子上，用彩色便贴纸分好类。

第一部分是选择题错题，我是按照课本的单元来划分的，但也会有一些小专题，比如漫画、俗语和谚语专题等。

第二部分是一些次重点，需要自己在课本中找的易混、易错的知识点。重要的知识点概念，学校的老师必定已为大家总结和归纳了，但是有时候选择题的某个选项会出现你从没有见过的概念与说法，其实这些知识都是课本中出现过的，只是我们平时没有关注。因此，我会按照课本上的单元顺序，去书上的每个角落找那些自己觉得陌生的概念与说法，并把它们记在笔记本上。

第三部分是易混、易错的概念与相关表述，我会记在笔记本上时刻拿出来看看以加深记忆。

第四部分是大题的错题收集。大题的错题收集是我在经过不断学习和调整后，觉得自己用得比较顺手的一种方法。我会按照专题分类，比如"一带一路"倡议与共享经济等，然后在下面列出具体的题目，题目下面再记下答案要点和答案的一些关键字句。记下答案要点是为了知道从哪些角度进行分析,记下答案的一些关键字句是为了掌握一般答题要用到的专业术语,这样老师在阅卷时看到这些关键字句,就比较容易找到这道题目的答题点。

接下来的几个部分,我觉得适合在高三下学期开始进行。

第五部分,我建议在高考前两个月开始进行,这时我们已经基本掌握好基础知识和一些次重点,此时便可以开始准备应对偏题和怪题的方法。我的做法是:把课本拿出来,从第一页开始列一个提纲,即把课本的单元目标和课程目标全部列出来,然后再去书上找与这些目标对应的知识点。这样做不仅可以让我把整本书再过一遍,而且会让我在做题时可以掌握全局。

第六部分,我建议在高考前一个月开始进行,即只收集大题的题目和答案,并不收集材料,比如长征精神的作用以及制定某一部法律的作用,这些题目的答案都大同小异,所以没有必要再做一个专题。

第七部分,我也建议在高考前一个月开始进行。此时,我们的高中学习已经接近尾声,做题已经成为我们的主要节奏。这时候选择题的错题可能会增加很多,并且都是新题,我们想要一一收集难度还是挺大的。此时,我收集选择题时,只收集我觉得有疑问和有误区的,即多收集一些说法与概念题目。

当然,你的笔记本里面也可以根据自己的学习习惯来增加一部分内容。比如,我在政治的漫画题与古诗题方面比较弱,我就会多收集一些有关俗语、谚语以及它们对应的哲学道理等题目。

愿你们顺心愿而行

(二) 关于背诵

我建议背诵从高一抓起。在高一时,我们的学习并不那么紧张,所以我们对背书都不太在意,当到了高三的时候,就会发现这样做很吃亏。因此,我们要端正态度,每次课后及时复习要背诵的内容,每次大考前都可以利用这个机会把所有的知识点过一遍。这样,三年下来,我们就会对背诵过的课文做到信手拈来了。

以上便是我的一些学习心得与学习经验,希望能够给所有怀有一份燕园情的学弟、学妹们一点启发与帮助;希望你们在这条路上,用灿烂的笑容去战胜一切。

但行好事,莫问前程。

一名镇中学子的经验之谈

姓　　名：胡　凡
录取院系：历史学系
毕业中学：浙江省宁波市镇海中学
获奖情况：全国中学生英语能力竞赛三等奖
　　　　　　全国中学生科普科幻作文大赛浙江赛区省级一等奖

我的北大梦

> 我建议大家不必制作精美的笔记本和手账本,也不必制订分秒不差、过于精确而有失弹性的计划。但是,我们对于长期和短期的学习必须做到心里有数,合理分配各项学习任务,统筹优化时间。

我能被北京大学录取,是一件完全出乎我意料的事情。但我既然有幸能够来到燕园,也说明我的学习方式有值得大家借鉴和参考的地方。我将尽量对那些诸如错题本、背单词的诀窍和秘诀仅仅点到为止,诀窍和秘诀人人都懂,关键还是看我们的执行力。

吴军曾在他的著作《数学之美》中提到,办事的方法有"术"和"道"之分。如果我们仅仅抓住了"术",是低效和难于推广的;反之,如果解决了"道"的问题,则是纲举目张,事半功倍。基于这个观点,接下来我将着重讲述更为广泛的方法论,而不是一个个因人而异的小技巧。

从"术"的方面,我要谈论的是很多人都提到过的方法和技巧,因为它们有价值而被反复强调,以致我们对其多少有些熟视无睹。下面,我就来介绍这些值得我们注意的方法。

一、学习方法

(一)错题归纳

制作错题本或剪下题目进行保存只是形式上的区别,实质

一名镇中学子的经验之谈

在于让大家弥补和强化掌握得较弱的知识点，寻找知识结构的盲点所在。因此，如果我们过多执着于错题本的精美与否等问题，则是不必要的。

（二）构建知识网络

知识是一个有机联系的整体，我们可以通过构建知识网络来梳理我们的学习思路，提高我们的学习效率。通常，我们可以通过制作思维导图、列表格、写清单等方式（例如，历史事件的时间表，地理区位的特点等）来构建知识网络。

（三）复习

与整理错题相类似的，还有记笔记、做复习计划等复习方式。复习的目的在于，我们通过反复学习来巩固和强化对知识的理解。

（四）背诵

许多科目，尤其是文科科目对于背诵提出了较高的要求，因而背诵是一项重要的基本技能。一般来说，我们最好是有规律而非临时起意、临阵磨枪地背诵。长期的反复巩固背诵比短期的强记背诵要省时、省力很多。此外，死记硬背也不如有策略地巧记、巧背好。我们在背诵时，可以通过构建知识网络等方式来加深对知识之间的彼此联系，以提高背诵的效率。

（五）提问

我们在学校时要多找老师提问，一定要利用好这宝贵的"资源"，而不要把问题压下来。我们会发现，通过老师的答疑

我的北大梦

解惑来解决自身知识结构的盲点是相当有效的,胜过不用有效的方法和策略的埋头苦学。

此外,我认为值得推荐的方法还有针对特定科目的学习策略。

二、科目的学习策略

(一) 英语

高中英语的学习难度并不大,我们可以通过有效的学习策略在较短的时间内取得一定的学习效果。但当我们的英语成绩远超过平均水平时,即使我们过多地投入时间和精力也未必会达到令人满意的效果。

1. 背单词

提升英语能力,背单词永远是一个重点。

由于高中的学习时间紧张,因此我们只是死记硬背单词,效率会很低。此外,我们不应片面强调词汇量。因为目前的高考模式更注重英语的运用,所以词汇的活用和短语的识记具有更高的优先度。由于单词识记是一个长期积累以求量变产生质变的过程,因此水到渠成的学习方式更重要。如果我们短期内大量地投入时间背单词固然会见效,但效率终究不高。因此,我建议大家背单词要贵在坚持,重在积累。

2. 阅读理解题

阅读理解题是高中英语考试中的送分点,完形填空题则是拉开分数差距的关键点。阅读理解水平的提升同样是一个长期积累的过程,这依赖于我们的平时作业和在阅读理解的专题训练。我建议大家每天坚持完成一定的阅读任务,并保持良好的阅读习惯（如在文章的线索语句下画线帮助判断等）。

3. 听力题

至于听力题，我们依靠平时学校安排的听力练习即可。在听力上实在有欠缺的同学，可以放学后做一些额外的听力练习。

4. 作文题

作文能力比较难概括应当如何提高，我认为熟练掌握各种形式的应用文写作模板相当重要。续写故事考验我们的语言功底、文学技巧和写作速度，而概要写作考验我们的逻辑和短语运用能力。此外，我们无论怎样强调书写的重要性都不为过，书写的美观和清晰程度会直接影响英语最终的得分。

总的来说，英语的提升是需要我们扎扎实实地通过努力付出取得的，而且见效的时间也比较长。另外，英语也有不少小技巧和学习习惯是需要我们长期坚持的，这是一门考验我们的执行力和坚持能力的科目。

（二）历史

历史是文科中的主力科目，对我们的记忆力和思维方式有较高的要求。高中历史的学习与英语有类似之处，即勤奋可以弥补天分，付出必有回报，即使我们不具备较好的历史思维方式，也依然可以通过扎实的背诵功底取得优秀的成绩。

1. 背诵的方法

背诵依然是历史学习中的重点。我们只是机械地记忆也能取得不错的效果，但这样的死记硬背会将历史的各个知识点割裂开来，从而使背诵效率大幅下降。如果我们采用综合历史课本中的相关知识、构建知识网络的学习方法，则能取得事半功倍的效果。在背诵历史知识时，我建议大家采用时间轴、事件表和关系网之类的方法，这对准确地理解历史事件的意义，掌握分析的方法（如历史影响的几个方面）和一些历史思想等有很大的效果。此外，我们大量或深入地阅读历史著作可以有效地提升历史素养，并能从中长期受益。

2. 大题的解答方法

历史科目的学习不仅仅是靠背诵来实现的。对历史大题的解答，依赖于我们的历史素养和掌握的历史知识，我们要能够分析材料，准确提取知识点并组织语言回答，而非简单地照抄材料题干，堆砌背诵内容。

（三）政治

政治的难度实际上要低于历史，它的背诵相对简单，记忆量相对较小。而且，我们在解答相应的政治题时，可以采用相对固定化的答题模式。总的来说，学习政治的关键，就是"宏观把握，微观深入"。

1. 宏观把握

所谓宏观把握，是指从宏观上把握课本。这与历史类似但又有所区别，政治要求学生对课本有更高的理解程度。例如，必修课本中的基本经济理论、马克思主义哲学的世界观和方法论等内容。

首先，我们要从整体上把握、了解政治课本的内容结构和逻辑体系，尤其要注意梳理课本知识的内在逻辑和编写思路，把握各知识点之间的内在联系。

其次，我们要了解课本中哪些知识点是重点、难点和热点（辨析点），要能够分析和掌握课本知识的重要程度，把握命题者的命题热点和命脉所在。

2. 微观深入

所谓微观深入，是指要从微观上扎实地掌握政治课本中的每个重要知识点，让知识结构不留死角。也就是说，我们要对易考知识点有足够的敏感度，能够了解并深入辨析，尤其是相对困难且易混淆的知识点，对新增、变化和涉及时政的知识点，更要重点把握。此外，微观深入也是指我们对于题目、课本的细微之处都能仔细观察，避免混淆。"重点""中心""主流""支流"之类的区分，我们主要是通过辨析矛盾的主要方面和次要方面、主要矛盾和次要矛盾两个相似知识点来实现的。对于更细微区别的分析比较，我们也可以采用同样的方法。

此外，政治大题与历史大题的答题模式大致是相同的。其不同之处在于，政治大题的答题模式更为固定化和简单化。政治大题只要在给出正确知识点的同时能够结合材料合理分析即可，相较历史大题实在简单不少。

以上就是我从所谓"术"的方面，其实也就是具体的学习方法和技巧方面提出的一些建议和经验之谈。接下来，我将从有关学习策略，乃至生活和时间的安排，即"道"的方面提出我的一些观点和看法。

三、其他

（一）长期安排和统筹规划

高中三年的学习时间总是有限的，尤其到高三之后，我们

我的北大梦

抓紧利用一切时间来学习。总的来说,每个人能支配的时间大致相同。因此,如果我们想在激烈的竞争过程中胜出,就要采取更优的时间统筹管理手段。

首先是开源,也就是提前利用那些不易被利用的时间,从而使自己可支配的时间相对增多。例如,部分"学霸"在食堂排队打饭的时候喜欢背诵知识点(方法因人而异不必刻意模仿),又或者有人喜欢在晚自习开始前的一段时间内背单词和写作业等。久而久之,时间管理上的优势就会显现出来。

其次是提高时间利用率。例如,有的同学在上课时写作业,三天打鱼两天晒网地背诵知识点等做法,都是时间利用率较低的表现。如果我们能掌握好合理、高效的学习方法,有效地利用时间,就是变相地增加了学习的时间。又如,我们可以提前做好时间规划,每日背诵、定期整理笔记和错题等都是有效的策略。我建议大家不必制作精美的笔记本和手账本,也不必制订分秒不差、过于精确而有失弹性的计划。但是,我们对于长期和短期的学习必须做到心里有数,合理分配各项学习任务,统筹优化时间。

最后是掌握学习的策略和节奏。就短期的学习而言,学习的策略和节奏相当于学习计划安排、时间分配等上述已经提到过的问题。但就长期的学习而言,学习的策略和节奏是指与直接的学习无关而与学习结果密切相关的统筹规划。

就全国大部分省份的学生参加的高考模式而言,文理分科是第一次策略的选择,是否参加竞赛等问题也是需要纳入考虑范畴的问题。除此以外,所有考试的时间都是固定的,前人已将道路走熟,我们就不需要额外地费心、费力了。但对浙江、上海的考生来说,又面临着因为"新高考"增加了许多需要慎重思考和决策的问题。

"新高考"中的"7选3"的选考模式是第一关，大家可以根据自身的能力、兴趣和爱好等选择最适合自身的科目组合方式。接下来，在每年两次的学业水平考试中，大家将会面临选择何时去考、考何科目的问题。按照目前的形势，每所学校在学业水平考试前总是集中力量"攻关"，并不可避免地放松其他科目的学习和教学。而学生在一次次大考过后，总是不可避免地需要一个"缓冲区"来缓解压力，所以选考的时间安排事关重大。此外，每次准备考试所需耗费的时间和精力是如此之多，以至于第二次重考对学生来说成为一个"沉重的负担"。

基于上述情况，再结合各学校的考试安排策略和实际结果来看，我们可以得到一些基本的结论：

① 如果我们将2门甚至3门科目留至高考前的4个月复习是不明智的，因为这将给语文、数学和外语三门主科目的复习冲刺带来额外的压力；同时，相比其他"轻装上阵"的学生来说，这也是一个不小的劣势。

② 希望提前结束2门甚至3门科目的学生的想法同样也是不明智的，因为我们过早地投入与高三学生竞争的考试中，在没有完全准备充分的情况下，倘若考分过低，反而会白白浪费精力。我们在一门科目具有相当实力和做好准备的前提下，提前安排考试是明智的。

③ 我们反复重考也是不明智的，这不但会浪费很多的时间、精力和资源，而且我们的自信心也会受到打击。

④ 当我们的考分已经达到我们自身的学习水平时，可以选择放弃重考，为其他科目留出更多的时间，或者弥补其他科目的薄弱之处；同时，我们要加强主科目的学习，这是舍小利

而成全局的明智战略。

⑤ 无论选考科目的竞争如何激烈,我们都不应忽视对主科目的学习。

综上所述,我们对待"新高考"改革后让人颇伤脑筋的学业水平考试,一定要用战略的眼光来看待。如果我们的战略严重失误,埋头苦读未必能够挽回相应的损失。这就像十年寒窗苦读最后却填错了高考志愿一样,在考试和学习之外输得一败涂地。可以说,为了保护我们的学习成果,我们必须要对考试形式和学习的大环境有所了解。

(二)学习以外的生活

这里要讲的依然不是学习,却又与学习息息相关,即学习以外的生活。我观察到不少同学经常熬夜刷题或背诵课文和单词等,实际上这样做是不利于学习的。尤其在高三,劳逸结合相当重要。我们要合理地安排休息时间,这样不仅能保证精力充足,还能确保心态平和。

此外,有不少同学为了集中精力学习而坚持不看课外读物和新闻时政之类的内容,但我认为这也是不合理的。首先,对于偏文科科目的学习来说,相应的课外读物(例如,《全球通史》)有利于提升我们的知识素养,能够从一个间接的角度来提升我们学习的能力。另外,新闻时政之类的内容,还有利于提高政治科目的学习水平,保证我们所学的内容不是纸上谈兵。对于学生来说,这也是开阔眼界的方式,因此"一心只读圣贤书"并不可取。此外,我们参加体育运动、培养兴趣爱好也是保证学习张弛有度的方式,以及释放压力的手段。

(三)其他关键点

除了学习之外,我还要提醒大家注意两点:一是老师的辅导与关心,二是家人的帮助与后勤保障。因为他们,我们的学习和生活才会这么顺利。

  以上就是我在结束高考两个月后,即将奔赴北京大学之际写的个人经验之谈。我已尽力将自己的想法写出,皆为肺腑之言,希望能对学弟、学妹们有所帮助。

永不停歇，日臻美好

姓　　名：李本厚
录取院系：信息科学与技术学院
毕业中学：宁夏回族自治区银川一中

我的北大梦

> 我们看的书多了，对事物就会形成一套自己的看法，作文的深度自然就上去了，就不会存在没什么可写的情况。不过即使你之前的阅读很丰富，你的见闻很广，积累素材和名人名言也是我们在高三每天都要坚持做的事情。而且这些积累的素材和名人名言一定要用到我们的作文中，也许一开始我们用得会很别扭、很生疏，甚至驴唇不对马嘴，但用多了这些材料就会慢慢变成自己的了，再次引用时就会很顺畅。

作为高考的过来人，我希望能为大家分享一些我的学习心得与学习方法，如果这篇文章对学弟、学妹们的学习有些许的帮助，能让你们在高考的路上走得稍微顺畅些，那就再好不过了。

一、效率决定成败

在高中三年的学习生活中，我认为学习效率一定是第一位的。那么，什么样的学习才算是高效学习呢？

（一）有效提高在学校的学习效率

首先，我们在课堂上一定要认真听讲，把老师在课堂上讲的每一个细微的知识点，每一道基础的例题都要彻底弄懂，不能占用课下的时间。我不建议大家占用课间十分钟来刷题。因为在一节课的高度集中学习后，我们的大脑势必会疲惫，若是不给自己留一些休息的时间，那么在之后的课程中我们的学习效率势必会降低。我一般会在课间和同学们开心地聊聊天，或者站在走廊眺望一下远方。事实上，与同学们愉快地交谈和欣赏校园内美丽的景色也会成为我们在高中时代不可磨灭的美好回忆。

（二）有效提高在家的学习效率

晚上回到家之后我们必须立刻进入学习状态，片刻的拖沓时间一天天积攒起来都可能成为一个令人惊讶的数字。我们要保证晚上的学习和白天一样紧张与高效。自制力差些的同学会时不时就想玩一玩手机，刷一刷微博。在"我就玩五分钟"的自我安慰下，不知不觉间一个小时就过去了。有这样问题的同学可以在学习时把手机交给父母，学习结束后再把手机拿回来。

在高三时，我为了在晚上逼迫自己高效学习，总是先完成自己的课外练习册，之后才去写老师布置的作业。因为时间紧迫，所以每次我的作业完成效率都非常高。学习能力比较强的同学可以尝试一下这种方法。

但需要注意的是，不管在哪种情况下，学校老师布置的作业都应该是重点完成的内容，不能因为时间紧就敷衍了事。因此，学习能力比较弱的同学还是应优先、认真地完成学校老师布置的作业。

我的北大梦

❖ 二、心态创造奇迹

（一）遭遇挫折后的心态调整

都说高考五分靠基础，三分靠心态，两分靠运气。而我觉得心态的比重要远大于30%。因为我们平时心态的好坏会直接影响一天学习的效果。有的同学一场考试考好了，从此学习越学越顺，成绩也步步高升；有的同学一场考试考砸了，从此一蹶不振，无心学习，成绩自然一落千丈。而决定这一切的就是心态。

在高中，尤其是在高三的学习过程中，我们保持乐观、自信的心态是至关重要的。在繁多的考试中没有人是常胜将军，每个人都会有失败的时候。我在高三时的考试就是胜少败多。每次考砸了面对惨不忍睹的成绩时，我都会产生放弃学习的想法。但不超过三天，我总能恢复到从前心静如水的状态。调整心态没有什么特别的方法，就是不停地给自己加油、打气。有一次我考砸之后同学送给我一句话，这句话陪我熬过了许多低谷，我现在也把它送给大家：

衡量一个人成功的标志，不是看他登到顶峰的高度，而是看他跌到低谷的反弹力。

——巴顿将军

（二）时刻保持清醒的头脑，戒骄戒躁

心态的调整除了遭遇挫折后重整旗鼓之外，还包括登到顶峰时依然保持谦逊的姿态。我们考好了之后一定不能自傲、自满，依然要保持面对下一次考试的紧张感，依然要保持"如临深渊，如履薄冰"的学习态度，扎扎实实地完成每一道基础的例题,弄清楚并背熟最细微的知识点。"满招损,谦受益"这句话在学习过程中体现得尤其明显。

三、身体是革命的本钱

(一) 坚持每天锻炼身体

锻炼身体可能是大多数同学都会忽略的问题,我以前也不是很重视体育,有时甚至逃体育课而偷偷去教室写作业。当我在高三被班主任"逼着"跑步后,我越来越体会到锻炼身体的好处。虽然一开始我在跑完步后会感到疲惫,难以集中精力学习,在坚持了一段时间以后,我发现跑步的好处越来越明显:不仅一开始的那种疲惫感消失了,而且一整天我都神清气爽,学习效率有了明显的提高。

在高三那年的冬天,班里一大半的同学都感冒了,而我却成为少数没有被传染的人。看着周围同学吃完药后强打精神听课学习,我由衷地庆幸之前被班主任强迫着进行跑步,那之后我每天都积极主动地进行体育锻炼。其实,我们每天跑几圈并不会耗费太长的时间,十几分钟,最多也就两个课间,但它带给我们的好处却远远不止于此。

(二) 保持充足的睡眠时间

很多同学喜欢熬夜学习,这个问题因人而异。有的人适合熬夜,有的人不适合熬夜。但晚上的睡眠效果会影响我们第二天上课的状态和学习效率,而且睡眠不足更会降低身体的抵抗力,若是生病就得不偿失了。此外,咖啡喝多了对心脏不好,我也不建议大家喝它提神。

四、科目学习方法

作为一个理科生,相比数学和理综,我的语文和英语成绩反倒更好一些,下面我主要介绍一下自己在这两个科目上的学习方法。

(一)语文

1. 现代文阅读

我认为现代文阅读应该训练两个方面的能力:

第一,我们要训练理解和鉴赏美文的能力。比如,今年全国Ⅱ卷语文考了林徽因的散文《窗子以外》,相对于之前直白的小说,这篇文章就显得有些晦涩难懂,而若你无法理解它的主旨,自然整道题都没办法答好。这种能力并不是靠刷几道阅读题就能拥有的,它靠的是一个人长期阅读所积累的文学功底。因此,我们平时一定要大量地阅读课外读物。

第二,我们要训练答题的应试能力。例如,我们要记住主旨题、鉴赏手法题等一系列题目的答题模式,清楚先答什么,再答什么,最后总结什么。我们一定要详细记住答题模式的整个过程,必要时可以做一些阅读的习题来巩固记忆。做题时一定不能只在脑子里空想,必须一个要点一个要点地用笔写出来,否则很容易犯眼高手低的毛病。

2. 古代诗歌阅读

对于古代诗歌阅读,我最大的体会就是:功夫在"题"外。我们要想答好古代诗歌鉴赏题就一定要多读古诗,这里的

永不停歇，日臻美好

"读"不是盲目地不过脑子的读，而是挑一本我们认为比较好的名家解读古诗的书，先不看后面的解读，自己轻轻吟诵几遍，体会诗人的感情，揣度诗人想表达的主题，之后对照着解读看看自己的理解是否正确，自己是不是遗漏了哪句富有深意却没有看出来的地方。

其实，我们只要对诗歌有兴趣，生活中处处都能练习。比如，我们可以把一首由名家填歌词的歌曲用古代诗文阅读的技巧去理解其中歌词的含义。

3. 文言文阅读

文言文重在积累。我们可以先问一问自己：课本上的文言文和注释都背会了吗？高考考纲要求的百余个实词和十几个虚词都记住了吗？老师上课讲过的文学常识都还有印象吗？如果你的回答都是"没有"的话，那我就建议大家赶紧背诵。这些基本的知识是文言文答题的基础，如果基础不牢，可能偶尔一次文言文阅读题的得分比较高，但语文成绩的波动会很大、很不稳定，而高考时绝对不允许我们出现这样的风险。我们在基础知识打扎实了之后，一定要通过反复的刷题来保持手感。虽然我们会把一篇文章的题全都做对，但总会有不理解的地方，这时一定要对照答案解析中的全文翻译再复习一遍。长此以往，我们的文言文语感会有很大的提升。

另外，我建议大家平时学累了的时候可以看一些有趣的古代小说，如《聊斋志异》《子不语》等。这既能起到休闲、消遣和放松的作用，又在不知不觉间提升了我们的文言文阅读能力，何乐而不为呢？

4. 基础性知识

语文考试里考的一些如病句、成语、敬辞、谦辞、漫画和补全对话之类的题都属于基础知识。针对此类知识，我们要学会分类整理和记忆。例如，病句的种类至多也就十几类，有中途易辙、主谓颠倒和缺失主语等。而成语中容易考的有冷僻的成语、容易用错的成语和一词多义的成语等。分类总结记忆的好处是，让自己的知识系统化，然后再向里面添砖加瓦，记忆的效率就会高很多。

值得注意的是，即便高三的练习册上会帮我们总结这类知识，但我依然认为自己应该准备一个本子，哪怕再抄一遍练习册上的内容，这是一个既能加深我们的记忆，又能把别人的东西真正内化成自己的东西的过程。

5. 作文

作文可以说是语文考试中最灵活的题目了。我一直觉得作文没有固定的格式或者是答题模式。以我们学校这届考生为例，高三训练了一年的任务驱动型作文的规范写法，比如，如何引题、如何拓展和如何结尾等，但高考偏偏就没有考任务驱动型作文。我到现在也没有弄清楚今年的高考作文是属于哪一类型的，考试时只是很简单地把自己的体会和看法写到答卷上。不过，从我的高考语文成绩可以判断，至少我的作文没有拉分。

其实，作文也是一个积累的过程，著名教育家叶圣陶认为：写任何东西决定于认识和经验，有什么样的认识和经验，只能写出什么样的东西来。我们看的书多了，对事物就会形成一套自己的看法，作文的深度自然就上去了，就不会存在没什么可写的情况。不过即使你之前的阅读很丰富，你的见闻很广，积累素材和名人名言也是我们在高三每天都要坚持做的事情。而且这些积累的素材和名人名言一定要用到我们的作文中，也许一开始我们用得会很别扭、很生疏，甚至驴唇不对马嘴，但用多了这些材料就会慢慢变成自己的了，再次引用时就会很顺畅。

在作文的语言方面，作为一名理科生，我觉得如果我们的作文无法写得优美动人，那我们的作文至少也要有一定的深度和宽度，并且论证要严密，让人能轻易地看出来我们的逻辑性和严谨性。而且同一句话不要重复出现两次，如果不得不出现，那我建议用意思相近的语句替换掉，这样至少不会给阅卷老师留下你已经无话可说的印象。

此外，因为我的字写得比较难看，所以我给像我一样字写得不好的同学一个建议：把字写大。这样至少能让阅卷老师看清楚你写的是什么。

(二) 英语

1. 听力

我认为，英语能力中等偏上的同学的英语听力部分都应该是拿满分的。我们平时要多注意练习英语听力，考试前每天听几遍英语听力，让自己身处熟悉的英语环境中，有助于英语听力的学习。值得一说的是，在平常的练习中我们可以尝试听一些比高考听力语速稍快一些的听力材料，这样听高考听力就很简单。此外，我个人不太推荐通过听英语歌练习听力，因为不看歌词很难听得懂歌手唱的是什么内容。

2. 笔试

(1) 词汇

词汇是学习英语的基础，如果一篇文章中每一句都有两三个你不认识的单词,那么这篇文章你又怎么能理解好呢?每一个参加高考的同学都应该至少保证课本上的单词是熟练背诵的,程度较好的同学还应适当背诵一些四级的单词以及在阅读理解和完形填空中反复出现的单词,即使我们在高考时没有遇到这些单词,扩充自己的词汇量也总是好的。

(2) 英语语法

英语语法也同样是我们必须拿下来的一关。但我们不要把语法想得太难,只要高一、高二跟上老师的教学进度,上课认真听讲并记好笔记,一般的语法我们都能掌握。如果你在课堂上没有认真听讲,想要自己补习语法,那么可以买一本语法书,把每个语法点逐个过一遍。如果我们把时间抓紧一点的话,一般三四个月就可以把高中语法完全学会了。

(3) 多读、多背诵

对于英语,我最大的感受是一定要多读、多背诵。

① 多读。高一、高二时我们的英语老师时常会推荐一些英语小说,我觉得十分有用,因为英语小说中的语句用得都十分地道,这样的语句不但可以提升我们对英语的认识,还能让我们在英语环境下进行思考。如果你觉得原版英语小说太难了,也可以找一些改编的简易版的英语小说。我高三时的同桌就曾读过许多英语小说,她每次做英语卷子都做得比我快,而且准确率极高,她把这些都归功于自己在高一、高二时进行了丰富的阅读。由于高三的时间比较紧,我们没有太多的时间读英语小说,但每天都要坚持做至少三篇阅读理解来强迫自己去阅读,这样可以保证我们每天都处于对英语很熟悉的状态中。

② 多背诵。我们的英语老师除了要求我们背诵课本中的课文之外,还要求我们背诵《新概念英语》,甚至有时她看到

某篇阅读理解比较好，也会摘取其中的片段让我们背诵。可能大多数同学认为英语课文背完就忘了，因此便不想多花时间来背诵。实际上这是一种十分错误的做法。背过的英语课文，我们可能无法把它一字不落地背诵下来，但我相信其中的一些句子已经深深地印在我们的脑海中，下次写英语作文时这些地道优美的句子就会立刻出现在我们的脑海中。而且多背诵英语课文对提升我们的英语语感是非常有帮助的。有时我们可能完全不理解这句话的意思，但凭着语感我们也能把它猜出来。

（4）英语作文

写英语作文时我们最好用一些有难度的词汇，比如能用 acquire 就不要用 get。此外，句子结构也要复杂些，像强调句、分词做状语、with 的复合结构等都要经常用到。但我们要注意，不要把一个句子写得过于冗长，那样会适得其反。

（5）英语字体

在英语字体方面，有时间的同学最好能练一下手写印刷体，没时间的同学至少要保证把每个英文字母写工整，并把每一行的字写得差不多大。

总结下来，语文和英语的学习不过是"积累"二字，一日一日，持之以恒。其实，不仅语文和英语，其他的科目也是如此。我们每天都保持着向前奋进的学习态度，每天都比昨天的自己好一点点，成功就蛰伏在这不断增长的"一点点"里。

"没有比脚更长的路，没有比人更高的山"，只要我们在前进，就一定会到达目的地。

我在北京大学等你们来！

家长篇

伴孩子圆梦燕园

执笔家长： 孟宪伟
学生姓名： 吴　可
录取院系： 外国语学院
毕业中学： 黑龙江省鹤岗市农垦宝泉岭管理局高级中学
获奖情况： 2015年农垦总局"安康杯"征文比赛一等奖
　　　　　　2015年黑龙江省普通高中"三好学生"
　　　　　　2016年黑龙江省普通高中"三好学生"

我的北大梦

> 孩子就像小树，在成长的过程中会生出许多枝杈，而老师和家长就像园丁，只有经常修整横生的枝杈，小树才能健康成长。反思就如同给小树打杈一样，要让孩子清醒意识到自己的不足，明白自己的长项，积极改掉缺点，学会扬长避短。正所谓"见贤思齐焉，见不贤而内自省也"，唯有这样，才能有净化人格、涵养品格的"源头活水"，人才能不断进取，否则将会变成一潭死水，停滞不前。

我读过田晓菲的《十三岁的际遇》这篇文章，并为这个女孩的执着而感动。北京大学的声望令人心生敬仰，但我从未想过自己的孩子有朝一日能步入北京大学的殿堂。可如今，孩子的梦想实现了，经过多年的奋斗，他成了众人瞩目的北京大学学子！作为家长，我欣喜万分，又无比骄傲，孩子没有辜负老师的期望，实现了他自己的梦想。激动之余，我很荣幸地借助北京大学创设的"新生家长征文活动"这一平台，和大家交流一下孩子成长历程中的点滴体会。

一、阅读——开启智慧之门的钥匙

我喜欢读书，读书使人明理，读书使人睿智，读书催人自省。当儿子出生以后，我每天会给他读儿歌、诵童谣，培养他对书籍的兴趣。儿子还在咿呀学语之时，就能背诵一些简单的童谣。为了让儿子识字，我在教他读画本时，会有意识地用手指着每一个字慢慢地朗读。儿子在我每天潜移默化的指读中，渐渐认识了许多汉字。到了上学前班的时候，儿子已经能独自阅读一些浅显的故事了。儿子在童话的世界中渐渐长大，如中外民间故事、儿童百科全书、冰心的散文、沈石溪的动物小说等，大量的阅读让他积累了广博的知识。我每每回忆起一家人围坐在书桌前，听儿子大声朗读的时候，就感觉那声音像淙淙流淌的清泉，润人心田。

每到节假日，我们一家三口最常去的地方就是书店，经常流连在书的世界里而忘记了时间。平时，我们给儿子的礼物也都是他喜欢的书。外出旅行，回程的行囊中最重的都是那些被儿子视如珍宝的书。

儿子的文章常常在校报上刊出，这些成绩的取得，都得益于他良好的阅读习惯。荀子有言：不积跬步，无以至千里；不积小流，无以成江海。长期的阅读积累让儿子成为一名品学兼优的孩子，这让我非常自豪。

歌德曾经说过："读一本好书，就是与许多高尚的人谈话。"我希望儿子不仅能通过读书增长见识，更要让他学会做人，提高道德修养，做一个有内涵的人，追求生活的充实、心灵的纯净和精神的愉悦。

二、自信心——到达成功之岸的舟楫

儿子上小学以后，我给他报了一个英语兴趣班。老师经验丰富，为了调动孩子们的积极性，每次上课之前，都要让孩子们到讲台背诵上节课所学的英语课文，表现优异者可当场获得

我的北大梦

奖励和表扬。这种做法可以调动和树立一部分孩子的积极性和自信心,可是儿子的年纪小,没有基础,学起来并不轻松。在英语兴趣班中,有的家长因为孩子没有答对问题,或者没有背诵下来英语课文而当众训斥孩子。殊不知家长越是如此,孩子就越会丧失兴趣,越缺乏自信心。我从不训斥儿子,当他不会答题而用怯生生的目光看我的时候,我都会对孩子报以微笑,告诉他没关系,不用紧张。为了培养儿子的自信心,我在每次上课之前都会领着他复习上节课学过的内容,帮助他背诵英语课文,以及鼓励他要相信自己是很棒的。到了上课的时候,我会鼓励儿子自告奋勇地到讲台前面背诵。儿子有一点点的进步,我都会表现出非常喜悦的样子。儿子渐渐有了自信,经常第一个上讲台背诵英语课文,在课上也能积极发言,也因此获得了越来越多的老师奖励和表扬。

记得有一次,儿子的脚扭伤了,疼得很厉害,我想跟老师请假不去了,可是儿子不肯,我只好搀扶他去了英语兴趣班。这节课儿子并没有因为脚伤而分神,而是依旧全神贯注地学习。我也很敬佩他这种努力上进的精神。

孔子说过:知之者不如好之者,好之者不如乐之者。这是学习的最高境界。因此,我觉得自信对一个人的成功是至关重要的。自信给人以力量,给人以快乐,给人以希望。有了自信心,人才能不断超越自己,创造辉煌。在孩子成长的漫漫路途中,鼓励和赏识教育是孩子成长与成材的重要条件。指责与训斥只会让孩子与家长和老师心灵上的距离越来越远,孩子对知识的渴求也越来越消减,自信心也会逐渐被扼杀,失去了对自身价值的正确认识。美国教育学家和心理学家加德纳的多元智能理论告诉我们要以多维度、全面和发展的眼光来评价学生。他认为,每一个孩子都是潜在的天才儿童,每一个孩子都有自己的特长所在。因此,家长和老师要认识孩子的长处,加以鼓励,树立起孩子的自尊心和自信心,切不可以单一的学习成绩作为衡量一切的标准,摧毁孩子的上进心。

我曾经读过这样一段话:"每个孩子都是含苞待放的花骨朵,都有自己的花期,不管他漂不漂亮,优不优秀,最终都会在自己的季节里绽放,都会散发自己迷人的芳香。平凡不等于平庸,普通也并不是卑微,每个人都能活出自己的精彩。"我为之感动不已。如果我在一开始对孩子妄加指责,不顾及孩子的感受,孩子就不会有现在的成绩。静待花开并不是说说而已,而是要能真正领会其中的含义,耐心等待它开放的那一天。

三、良好的习惯——让人受益终生的珍宝

叶圣陶先生曾经语重心长地说:"好习惯养成了,一辈子受用;坏习惯养成了,一辈子吃亏,想改也不容易了。"诚哉斯言,良好的习惯一旦养成,便可让人终身受益。

从儿子上小学一年级开始,我就要求他放学回家后的第一件事是先完成作业,然后再看电视,和小朋友们玩等。我下班回家后会先检查儿子的作业,如果他完成得好,就给予表扬。开始时,这项计划实施的并不顺利。孩子都有好玩、好动的天性,在没有家长监管的情况下经常放任自己,比如,偷偷打开电视看动画片,和别的小朋友跑出去玩等。当我下班回家时,儿子不是没写作业就是刚开始写。看到这种情况我很生气,每

我的北大梦

次都想要训斥他。但我心里知道,良好习惯的养成并不是一朝一夕之事,儿子正处于养习惯、立规矩的关键时期,训斥非但解决不了问题,还会激发他的叛逆情绪,怎样帮助他养成良好的习惯才是当务之急。后来,我让儿子放学之后到我的单位来写作业,我抽时间监管,完成好了就可以出去玩。

经过一段时间的监管,儿子树立了先写作业再玩的意识。虽然作业他能按时完成了,但新的问题又出现了。有时儿子着急出去玩,他写的作业就不认真了,字迹潦草。而我检查时毫不姑息,字迹不工整的统统撕掉重来。儿子傻眼了,知道自己无法蒙混过关,只能认认真真地完成作业。

经过一段时间的训练,儿子渐渐养成了做作业的良好习惯,不写完作业不会出去玩,甚至饭也不吃,只有将作业认真完成好了,才会去做其他的事情。在此后的学习中,儿子一直严格要求自己,作业字迹工整漂亮,他记的笔记也常常被人拿去复印,成为同学们的样板。

我认为孩子良好习惯的养成和家庭的教育息息相关。家长的言传身教是孩子习惯养成的关键,并且良好的习惯一旦养成,将受益终身。家长切记要以身作则,严格监管,千万不要对孩子放任自流,最后贻误终身。如果家长沉溺于手机和电视剧,孩子怎能安心学习而不去效仿呢?家长一定要舍得花时间认真地和孩子一起面对成长中的问题,帮助孩子克服重重阻碍,这样孩子养成良好的习惯就不会那么难了。

多一个良好的习惯,孩子就会多一份自信;多一个良好的习惯,孩子就会多争取到一份成功的机会。良好的习惯会让孩子终身受益。

四、自省——正确认识自己的途径

《道德经》中有言：知人者智，自知者明。意思是能了解别人的人聪明，而能正确认识自己的人明智。许多孩子在成长的过程中，由于自身的优秀可能会产生骄傲自满、目空一切的心理，这种心理会蒙蔽孩子的双眼，使他们看不到别人的长处，汲取不了"新鲜血液"使自己进步。正所谓"满招损、谦受益"，只有虚心好学，进取向上，才能不断进步。

儿子刚上初中时，有一次我去开家长会，一位老师告诉我，儿子作为班级的学习委员，有些自负骄傲，他在黑板上写下的东西，别的同学要是不小心擦掉了，他会很生气，而且有时会出口伤人。我听后心情有些沉重，儿子的举动暴露了他内心的自负虚荣，对同学不友好、不尊重。我们教育儿子并不只是让他学习好就大功告成了，而是要把他培养成一个人格健全、好学上进、谦虚随和、乐于助人的人，要让"德"字当先。当天我们家就开了一个家庭会议，要求家中每个人都把自己的缺点逐一列举出来，当孩子认识不到自己身上的缺点时，我和他的父亲就通过列举事件引导他反省自身的缺点。列举出来的缺点被儿子贴在墙上时刻自省，每改正一条错误，就划去一条。慢慢地，孩子就在改正错误的过程中让自己不断完善，逐渐进步。在此后的日子里，我从老师那里听到的大多是儿子给同学讲题、带同学去医务室以及帮课代表收作业等消息。看着儿子的变化，我心里无比欣慰。不仅是为了他的成长而喜悦，更是为了他拥有独立解决问题的能力，学会自我反省而激动。

孩子就像小树，在成长的过程中会生出许多枝杈，而老师

我的北大梦

和家长就像园丁，只有经常修整横生的枝杈，小树才能健康成长。反思就如同给小树打杈一样，要让孩子清醒意识到自己的不足，明白自己的长项，积极改掉缺点，学会扬长避短。正所谓"见贤思齐焉，见不贤而内自省也"，唯有这样，才能有净化人格、涵养品格的"源头活水"，人才能不断进取，否则将会变成一潭死水，停滞不前。

从小学到高中，十二年的时间，漫长而又无比短暂。从懵懂顽童到稳重青年，改变的不仅仅是外在的样貌，更多的是从无知走向睿智，从顽劣走向知礼，每个优秀的孩子都是依靠自己不懈的努力成长起来的。"宝剑锋从磨砺出，梅花香自苦寒来"，拼搏和自省造就了成功。

✦ 五、未来——展开自主高飞的翅膀

儿子小的时候，常有大人逗他："以后想考什么大学啊？"出于对最高学府的仰慕，他总是毫不犹豫地回答"北京大学"。当年的梦想如今成为现实。收到录取通知书的时候，我们小心翼翼地拿着，好像小心地捧着一份珍藏多年、守护多年的梦想。这是十余年寒窗的成果，是对过去奋斗的肯定与回报。

欣喜过后，我静下心来，意识到儿子要离开我们，到更广阔的天地里翱翔了。录取通知书的到来也预示着儿子新的人生阶段的开始，要离开父母的怀抱，去拥抱更美好的生活了，作为家长，我为他高兴。每当我想到未名湖畔波光潋滟，博雅塔古朴巍峨，穿行其中的北京大学学子们有儿子的身影，就激动不已。北京大学将给儿子的成长提供更加广阔的平台，我希望他在北京大学的学习中能更加努力，能够开创出属于自己的未

来。对于即将开始的大学学习和生活,我给儿子提出了三点建议:

(一)博学于文,约之以礼

在大学时,我希望儿子要广泛汲取知识,博学多才,同时也要懂得以礼约束自己,学会为人处世的道理。知识如同海洋,浩瀚无垠,人们在知识面前永无止境,不能满足现状,要像海绵吸水一样汲取知识、充实自己、开拓视野并勇于创新;不能拘泥成规,而是要乐于接受新事物,虚心学习。"三人行必有我师",我希望儿子有锲而不舍、孜孜以求的钻研精神,努力学好专业课程。离开家长的监管,儿子独自求学,更需要一种自律精神,更要有包容博大的胸襟,与人为善的气度。我希望儿子能够多反思自己的不足,不断进步。

(二)开朗阳光,自信大方

我们都喜欢与性格外向、开朗的人打交道,我希望儿子能够成为这样的人,能够主动认识新的同学和朋友,能够自信地参加各种活动,与周围的人融为一个整体,在集体中享受快乐和温暖。未来的社会是高速发展、充满竞争与挑战的,也更加注重人与人之间的合作能力,对个人和集体的关系提出了新的命题与挑战。知识固然重要,如果要顺利找到施展才华与抱负的平台,则要靠人际交往的能力与协调沟通的技巧。我希望儿子在大学里学到的不仅仅是知识,更要学到做人、做事的基本经验,为今后的人生道路打下坚实的基础。

(三)懂得感恩,学会奉献

感恩是衡量一个人道德品质的重要指标,懂得感恩的人能够更上进、更有动力,也更乐于实现自己的人生价值。我希望儿子对身边的人和事都充满感激之情,不要将别人的帮助视为理所当然,不要在遇到挫折坎坷时嗟叹抱怨。我希望儿子既能面对顺境,也能接受逆境。北京大学是多少学子的梦想,是诞生了多少大师、多少学术成果的煌煌上庠。在这里求学,既是儿子的幸运,又不能不说是一种挑战。面对来自各方面的压力,我希望儿子能感激自己所处的环境,感激逆境对自己的磨砺,对这个世界报以微笑。唯有这样,他才会更充分地实现自己的价值,去服务社会,去带给更多人快乐和希望。

在培养儿子的这十多年中,我看到了他的进步与努力,也看到了人的可塑性和向上的本能。教育是一个持续性、长期和潜移默化的过程,是一场性情与品格的养成"马拉松"。作为受教育主体的孩子,从懵懂到独立,其最终步入社会时的学识水平与精神风貌,恰恰是家庭教育和学校教育的一种外化表现。儿子能走入北京大学的大门,是对我们家庭教育的一种肯定,也证明了通过接受科学、良好的教育与培养,以及锲而不舍的坚持与努力,我们每个人都可以实现自己的梦想。在教育中,家长也能够重新认识自己,发现自己,在孩子身上发现自己的影子,并在教育孩子的过程中受到再教育。和孩子共同成长的过程,也是家长让自己成长和丰富的过程。

教育是"成风化人"的过程。"成风",就是让孩子有端正的学问之风、良好的行事之风;"化人",就是要给孩子灌输有益的文化养料,充实孩子的精神世界。我庆幸而又欣慰,儿子让我看到了教育的成果,也让我在教育儿子的过程中收获了满足与快乐。

博雅塔下,未名湖畔,夏日的熏风轻弄涟漪,暑热随着日子流去渐次散去,九月的清秋即将染红校园的每一片绿叶,迎接新的学子们在这里继续下一段人生历程。家长们亦会见证孩子迈进大学的校门,独立生活、学习,继续成长。彼时我们抬头仰望,看到的是晴空湛蓝,阳光洒下祝福的光点,和孩子们的笑靥一同跃动在广阔的天地之中。

谨以此文致敬高等教育事业的巨擘——北京大学。

一路同行，静待花开

执笔家长： 戴秋飚
学生姓名： 戴莹钰
录取院系： 中国语言文学系
毕业中学： 江苏省江阴市南菁高级中学
获奖情况： "语文报杯"全国中学生作文大赛国家级二等奖

我的北大梦

> 一个孩子在充满宽容的环境下成长，他学会了有耐心；
>
> 一个孩子在充满赞美的环境下成长，他学会了赞赏他人；
>
> 一个孩子在充满认同的环境下成长，他学会了爱惜自己；
>
> 一个孩子在充满接受的环境下成长，他学会了爱惜这个世界。

每次送女儿上学，目送她进入校门口，身影渐行渐远，直至从我的视线中消失，都会让我感到一种无以言表的情感。这种情感中既有对她的离开和独立的不舍和担忧，也有对她的成长和未来的期待。而如今，随着女儿历史上最长暑假的结束，我即将目送她踏上新的征途，我的心中充满了感慨和不舍。

女儿今年参加高考，发挥比较正常，以优异的成绩被北京大学中国语言文学系录取。欣喜之余，女儿在过去十多年的学习场景犹如放电影似的，一幕幕在我的眼前闪过……

女儿之所以能在最后的高考中取得比较满意的成绩，除了自身的努力之外，最关键的是拥有良好的心态。此外，我还要特别感谢女儿成长道路上遇到的每一位老师，他们对孩子的生

一路同行，静待花开

活进行了无微不至的关爱，对学习进行了耐心细致的指导。

对于孩子的教育，我也谈不上多么地有经验，只是想把自己一点不成熟的想法和做法说出来，目的在于与大家一起交流切磋、取长补短、共同提高。

一、书香氤氲，润泽生命

很多家长都有这样的共识：一定要让孩子进行大量的阅读，因为阅读真的很重要！

孩子有阅读的习惯不仅能增长知识，开阔视野，更能开发孩子的智慧，激发孩子的潜能，增强孩子对学习的兴趣，为孩子的今后发展打下坚实的底座。

毫不夸张地说，阅读是孩子开启"状元"之门的第一把金钥匙。

有些家长可能会说，我家的孩子就是不爱读书，别说课本了，就是看一会课外读物都能走神，该如何让他读书呢？

出现这种情况，是因为孩子从小没有养成阅读的习惯，家长没有为孩子营造良好的家庭阅读氛围，怎么能要求孩子爱上阅读呢？

从小到大，女儿的语文成绩一直挺优异的，而且是个名副其实的"小书迷"。身边的同事、朋友都很羡慕女儿有这么优秀的阅读习惯，其实这一习惯的养成和我有意识地引导是分不开的。

（一）"蹭读"的快乐时光

女儿小的时候，我就有意识地培养她对阅读的兴趣。她最早接触到的一本书是有着精美插画的《唐诗三百首》,她非常喜欢。尽管她不识字,但书上形象的插图,让她明白了"举头望明月,低头思故乡"的感受,"谁知盘中餐,粒粒皆辛苦"的来之不易……于是,她开始对书产生了好感。

女儿再大一些,她开始识字后就更爱看书了。我家中有两个大书柜,都放满了书,她开始翻阅最底下那些薄薄的小册子,是《格林童话》《一千零一夜》之类的故事书,她喜不自禁。

当女儿把家里所有适合她的书都读完以后,我就想出一个妙法——出去"蹭书"看。于是,每天晚饭后,我和妻子就把女儿"扔"在书店,然后我们便悠哉悠哉地去散步,转了一大圈后再回书店找她。

女儿来到书店,穿梭在书架之间,徜徉在书海之中,闻着书卷香,寻找她的挚爱,她乐此不疲,沉醉其中。在这段时间里,亲切的杨红樱,幽默的伍美珍,忧伤的郁雨君等著名的儿童文学作家都带着各自的著作,走进了她的心房。女儿对书,不再仅仅是好感,还夹杂着渴望和喜悦。

(二)"陪读"的脉脉亲情

在知识经济时代,家长培养孩子热爱学习、不断进取的精神是十分重要的。因此,"陪读"也应有更高层次意义上的价值,即家长通过自己以身作则和努力学习来影响孩子,与孩子共成长,和孩子共同创设一个追求知识的家庭学习氛围,这样的陪读,才会让孩子终身受益。

我们平时要求孩子做到的,首先自己一定要做到。这一点对家长来说并不容易,但这是一个重要的原则。如果家长一边津津有味地看电视剧或足球比赛,一边要求孩子好好学习,孩子可能反过来问:"你为什么不学习呢?"

于是,每天晚上我们全家都有一段"充电"时间:女儿在她的小书桌上专心学习;妻子静静地坐在女儿旁边或是翻看报纸杂志,或是进行业务学习;而我则看看书,写写稿……一家三口其乐融融地徜徉在知识的海洋中,安静而温馨,这成了我家一道亮丽的风景。

(三)"导读"的讲究艺术

鲁迅先生曾说过:读书就像蜜蜂采蜜一样,倘若叮在一处,所得就有限。必须如蜜蜂一样,采过许多花,才能酿出蜜来。这个道理大人明白,可孩子不清楚。

有段时间女儿沉浸在小说的世界里,却不喜欢其他类型的读物,这样偏颇的阅读取向,长此以往必然会造成她的阅读"营养"结构不合理的状况。有时候,任凭我循循善诱,敌不过女儿一句"那些我不爱看。"

强扭的瓜不甜,我要想办法让女儿对不爱看的书逐渐产生兴趣,让孩子走进广阔的读书天地。

为了敞亮她的阅读视角,我有意识地引导她阅读其他类型的读物,如人物传记、科普读物和历史文化等。

有一段时间,女儿喜欢看湖南卫视的《快乐大本营》节目,她对里面的一些科学小实验非常感兴趣,常常纠缠着我问个究竟。我没有直接告诉她答案,而是借此机会,有意识地引导她通过自己的努力,去网上和图书馆查找资料来获取知识,解决疑问。慢慢地,她逐渐对科普类读物产生了兴致,家里的那一套《十万个为什么》也成了她书桌上的"常客"。

（四）"共读"的美好生活

孩子心里在想些什么呢？喜欢看些什么样的书呢？如果家长不及时跟孩子交流，就根本无从了解。

有一段时间，女儿迷上了《男生贾里》《女生贾梅》的书，她跟我说："爸爸，你知道我看了几遍吗？我已经看了五遍啦！你要是看了，就知道我为什么喜欢了。"

女儿把书塞到我手里，硬要我看，我不感兴趣地说："儿童文学，顾名思义，就是写给儿童看的，我……"

她盯着我说："爸爸，你不是经常叫我要读各种类型的书吗？多看看儿童文学，保持一颗童心也很重要哦！"

女儿的话让我茅塞顿开，为了做她的榜样，我认认真真地看起来。渐渐地，我被书中的小主人公吸引住了……

第二天，我和女儿滔滔不绝地就这本书交流起来。交流当中，我抓住教育的契机："你瞧，爸爸一开始也不感兴趣，但真正读进去了才发现其中的妙处，居然一口气看完了。你的建议非常好，以后你多向爸爸推荐好书。但你也要多看看爸爸推荐的书，多看几页，也许你就会喜欢上了。快来试一试吧！"

就这样，在女儿的"逼迫"下，我也读了不少儿童文学的书，这对我的教学工作和班主任工作也起到了较大的帮助。而女儿在我的影响下，也读了不少历史和科普类的书。

互相推荐、共同阅读、多多交流，成为我和女儿"共读"的模式。我们是父女，也是书友。

现在，阅读是女儿每天的必修课，她一看见好的书就挪不动脚步。女儿的表达能力强，语文成绩突出，在高考中，她的语文发挥出色，取得了176的高分。（江苏省高考满分为480

分，其中，各科目分值分别为语文 160 分、数学 160 分、外语 120 分，共 440 分；文科类考生加试语文附加题 40 分，理科类考生加试数学附加题 40 分。)

二、科学"陪读"，讲究艺术

其实，很多成绩好的孩子，他们的家长都不会在孩子的学习上操太多心，因为他们会把培养孩子的良好学习习惯当作一件大事对待。我认为，在孩子刚上小学的时候，家长就应该纠正孩子的不良学习习惯。

在培养孩子的作业习惯上，很多家长都做错了。孩子放学回家后，家长一般只是口头上说着孩子："你抓紧时间看书、做作业吧！"，说完自己就看电视或做家务了，一点时间和精力都舍不得花在孩子身上。

当家长发现孩子没有学习时，不是吼就是骂，或者一个人默默感叹："我家的孩子就不是学习的这块料！"

我觉得每个孩子都能学好，只不过每个家庭的教育方式不同，导致孩子们的学习状态也不一样。如果要培养孩子的作业习惯，那么家长都需要尽量陪在孩子身边，或读书或看报，让孩子感受家庭中浓浓的书香氛围。渐渐地，孩子就能养成良好的学习习惯，放学后做的第一件事就是写作业，也很少需要家长督促。

其实，在这方面我们也曾走过弯路。

我自小在农村长大，很渴望自己的父母能关心我的学习，在我做作业的时候能陪在身边并做些指导。如今，女儿在城区学校就读，老师布置的作业中有一项就是要求家长检查并签字。于是,口算计时、单词背诵、课文朗读……不知不觉中,在检查女儿作业的同时,我乐呵呵地充当起了"陪读"的角色。

一段时间下来,我意识到这种做法的局限性。一方面,"陪读"有利于敦促孩子按时、保质地完成作业,遇到疑难问题,我可以在旁边给予辅导,及时掌握孩子学习的动态,主动取得与学校老师的联系和配合工作。但另一方面,"陪读"耗费家长的时间和精力是惊人的,更主要的是不利于孩子的成长。从表面上看,女儿在我的全程"陪读"之下写作业更认真了,正确率也高了,但实际上她对我的"陪读"的依赖性变强了,独立完成作业的概念减弱了。在做作业的过程中,女儿一遇到问题立即让我解决,久而久之,她的独立思考能力和解决问题的能力得不到较好的提高。

就拿数学来说,女儿平时做题时特别粗心,常常犯一些低级错误,不是点错小数点,就是看错题目。以往我在检查作业时,我发现错误的地方都会让她及时订正,并告诉她下次别再犯同样的错误。但我发现这样做的后果是,她的自我检查能力弱,一到考试题目更是错得离谱。静下心来我认真地反思了一下,这很可能与我的"陪读"有关。因为虽然我帮她检查出来的错误她也订正好了,但她没有经过认真的思考,根本就不知道题目为什么做错了?错在哪里?为什么必须这样纠正?因此,考试时她往往考不到高分。

看来,家长"陪读"也要注重科学,讲究艺术。于是,我改变了策略和方法:

第一,我不再越俎代庖。我郑重其事地告诉女儿,独立完成作业是她成长过程中应该承担的责任,爸爸妈妈只能在她的生命中充当"拐杖"的角色,路在她的脚下,需要她自己一步一步走下去。一开始,我还是帮她检查作业,但不同的是我不再指出来出错的地方,而是让她自己检查。这样一来,她就得每道题都要重新检查、重新验算,相当于把题重做了一遍。慢慢地,她认识到认真细心地完成作业的重要性,与其做错重新订正,不如一下子就做正确。一段时间下来,女儿作业的正确率明显得到提高。

第二,我告诉女儿:"今后我只检查你的作业完成与否,然后签字,至于作业是否正确,我就不检查了。至于作业中的错误,你应该勇敢地面对和承担,学会面对失败和挫折,不经历风雨又怎能见到彩虹呢?"女儿懂事地点点头。

慢慢地,女儿做作业认真仔细、一丝不苟的习惯逐步形成,作业的正确率逐步提高。在正式考试中,女儿会做的题目基本上能够做对。

"陪读"不是代替,不更不是越俎代庖,而是科学、艺术地关注。讲究"陪读"的艺术,做高明的家长,这样的"陪读"才是值得我们做的。

三、尊重信任,静待花开

(一)学会欣赏孩子

著名家教专家周弘老师有一本书叫《赏识你的孩子》给我的启发很大,他说:"孩子应该在鼓励中长大,家长要毫不吝啬地夸奖你的孩子。"

有一次,我偶尔翻阅女儿的日记,令我震惊的是看到下面一段文字:

我的北大梦

"今天,老师让我们表演课本剧,并要求回家表演给爸爸妈妈看,还要请爸爸妈妈打分并写好意见。我来到爸爸的办公室,把这件事告诉了他。爸爸正在忙着什么,也不知道有没有听清我的话。等我表演结束让他打分的时候,他居然只给我打了85分,而且还对我说,准备不够充分,表演不够熟练,85分已经是'手下留情'了……

"听了爸爸的话,我心里有一丝难过,我精心准备的表演居然获得了爸爸如此的'好评'。第二天我到学校一看,很多同学的爸爸妈妈都给孩子打了高分,甚至有的同学被打了99分,可事实上他们的表演远远比不上我的精彩与娴熟。此时我真的好伤心,为什么爸爸就如此'小气',连一句小小的赞美都不给我呢?!"

看着女儿的日记,我百感交集。说实话,当时我的初衷是为女儿好。因为女儿平时在学校得到的表扬与鼓励比较多,久而久之,容易使其产生"骄""娇"二气,我给她打85分是想让她清楚地认识自己,给她泼泼凉水,但没想到会伤害她。

当女儿还是孩童的时候,每当她有了一点进步,长了一个小本领,我和妻子常常会欣喜并充满鼓励地夸奖她"真棒""真能干",哪怕她说得并不清楚,做得并不到位,我们也会忽略过去,期待着她的更多的进步。可是,随着女儿年龄的增长,她听到我们的赞美和鼓励就越来越少。也许我和妻子都是教师的缘故,对女儿的教育比较严格。当女儿慢慢长大,我们不是关注着她的进步,或是用热情洋溢的语言去夸奖和鼓励她,而是一味地严格要求,甚至放大她身上的"错误",甚至对她横加指责。

我反省了我自己,在女儿的成长过程中,我总是一直在指责她,"听老师话""乖一点""不然我不喜欢你了"等这些话成了我的口头禅,每天像念紧箍咒般地念叨着。

拿着女儿"沉重"的日记,我很痛心,我没有想到,自己的一句简单的评价,居然带给女儿如此的伤害!作为一名教师,学过那么多的教育学和心理学知识,却唯独没有在自己女儿身上正确使用!

虽然这是件小事,但却让我警醒,促使我反思,也改变了我的教育理念,从此我对孩子的教育逐步步入科学、民主的轨道上来。

(二)学会理解孩子

说实话,现在的孩子真不容易,我们家长更要理解他们。平时我对孩子的管教既不过分严厉,也不过分溺爱,我们的关系就像是朋友一样,无话不谈。我建议家长们多抽出一些时间和孩子在一起,多表扬,多鼓励他们,而少批评、少指责他们。

每个人都有惰性,孩子贪玩是天性,我们大人也一样,一天工作下来我们也想休息休息,和朋友们打打牌、聊聊天。因此,对于孩子的贪玩,我们不能一味指责,而是要鼓励他快些把手头的功课做完了再去玩。

(三)学会尊重孩子

随着孩子年龄的增长,自我意识逐渐增强,作为家长来说,更要讲究教育艺术。其中,最核心的我认为是要真正尊重孩子。女儿在入学南菁高级中学参加高一夏令营时,参加分班考试后被分到了理科竞赛班。当她看到理科竞赛班高手如林

我的北大梦

时,她对自己做了一个全面的分析,觉得自己的语文和英语是强项,虽然数学成绩还可以,但是数感不是特别好,况且文科中的历史和政治又是自己喜欢的科目。于是,在夏令营的第一天晚上,女儿就打电话回来要求转到文强班,虽然我和她妈妈纠结了整整一夜,但第二天还是冒雨赶到南菁高级中学为女儿请求转班。因为我觉得尊重孩子的意愿最重要,女儿既然做出这样的决定,她一定是经过了深思熟虑,只有自己喜欢学、爱学,才能在某个领域有所成就。直到现在,女儿都骄傲地觉得自己的选择是正确的。

此外,这次填高考志愿,我们和女儿的分歧还是比较大的。女儿想读外语类的专业,而班主任则建议她读法学或经济学专业,而我和她妈妈则希望她能更好地发挥自己的特长,在擅长的领域深入下去。于是,我们没有专制,没有把自己的意愿强加在她头上,本着尊重的原则,我们仔细地跟她分析清楚各个专业的优劣,但告诉她最后的决定权还是在她手里,最后全家形成共识,愉快地做出了决定。

最后我想引用《读者》上看到的一段话,与大家共勉:

一个孩子在充满宽容的环境下成长,他学会了有耐心;

一个孩子在充满赞美的环境下成长,他学会了赞赏他人;

一个孩子在充满认同的环境下成长,他学会了爱惜自己;

一个孩子在充满接受的环境下成长,他学会了爱惜这个世界。

作为家长,我们有理由相信,在我们的陪伴和老师的科学指导下,孩子们一定会健康地成长!她们终将会成为我们的骄傲!

陪伴孩子的成长之路

执笔家长：刘宝芝

学生姓名：梁瑞童

录取院系：中国语言文学系

毕业中学：黑龙江省鹤岗市农垦宝泉岭管理局高级中学

我的*北大*梦

> 当女儿上小学时,我便注重培养她良好的学习习惯。以我的教学经验,我深知一个学生良好的学习习惯在她的整个学习阶段中起着很重要的作用,而且这个良好的学习习惯必须在小学低年级完成。

教育孩子的话题我们总在谈论,因为在人类繁衍后代的过程中教育是一个很受人们关注的问题,它关系每一个孩子的命运,关系国家未来的发展。教育得体,则国强民壮,否则不堪设想。

由于每个孩子的性格不同,所处的环境不同,所以教育孩子的方法也千差万别。我认为只有适合自己孩子的教育方法才是最好的方法,某些听起来很厉害的方法,可能并不适合自己的孩子。这需要我们做家长的多留心观察、寻找有效的方法来教育自己的孩子,真正做到"十年树木,百年树人。"

同时,我也很荣幸能在这里与大家分享我的教育方法。我也是在不断地摸索和学习中真正体会到"活到老,学到老"这句话的真正含义。在教育和培养孩子的过程中,我主要是从下面五个方面进行的:

一、注重对孩子语言的培养

在女儿没出生之前,我一直在读有关育儿方面的书,从中选择了几项重要的内容并有计划地实施。

　　首先，我实施了第一项计划——胎教。每天早、中、晚三次，每次都选择播放适合的音乐和儿歌，朗诵美文和古诗等，让女儿感受到语言的美。平时的闲暇时光，我会找一个空气清新、环境优美、安静的地方休息，我喜欢一边抚摸着肚子，一边唱着轻柔的歌，让胎儿能够从妈妈的声音中感受到爱抚。再加上我当时是一名小学语文教师，每天给孩子们讲课，这些都对胎儿的语言中枢的发育有极大的帮助。果然，女儿出生后比同龄的孩子更活跃、有朝气，说话也早很多。

　　其次，女儿大约2岁时，我便开始实施第二项计划——锻炼她的瞬间记忆能力和难度适中的复述能力。因为这个时期是孩子语言中枢发育的关键期。

　　最初，我只是说一些外国人的名字和比较长的国家名称或地名等，然后让女儿复述。因为女儿正处在注意力集中比较短暂的阶段，所以她经常会出现对我提出的问题置之不理的状况，于是，我抓住她高兴的时候进行随机练习。女儿似乎很擅长复述，在很短的时间内就完成了我给出的所有任务。

　　接下来，我从科普书中选择一些有趣、生动的自然现象，让女儿复述并讲解其中的浅显易懂的内容给她听。经过一段时间的训练，女儿不仅语言表达能力有了很大的提高，而且变得爱思考了，她会经常提出一些问题，比如，太阳有家吗？它每天只能回一次家吗？这些问题看似很幼稚，但足以证明女儿的大脑已得到了开发。女儿现在爱读书，爱写随感的习惯与这段时间的语言训练是密不可分的。

我的北大梦

☀ 二、注重对孩子良好的学习习惯的培养

当女儿上小学时，我便注重培养她良好的学习习惯。以我的教学经验，我深知一个学生良好的学习习惯在她的整个学习阶段中起着很重要的作用，而且这个良好的学习习惯必须在小学低年级完成。良好的学习习惯包括：书写认真、运算准确、专心听讲、爱动脑筋、能按时完成学校布置的各项作业、成为学习的主动者，乃至成为学习的小主人。

当然，我在培养女儿的过程中也会遇到各种各样的困难，但只要家长心中的目标明确，就会有一种无形的力量推动着我们走向成功。

女儿在小学一年级上学期，期末成绩不是很突出，我便和女儿拿着试卷分析丢分的原因。语文和英语的丢分是她对某些基础知识没有记牢，有些题型的熟练程度还不够。针对这一情况，我开始有计划地训练女儿的记忆力：

① 每天我都拿出一些时间，听写她的语文字词和英语单词，让她默写句段。

② 嘱咐她在读书时，用心记住每个字的写法。

③ 遇到不熟练的字词随时用笔圈出来，读完后再加强书写。

④ 拿不准的笔顺一定要查工具书，一定要达到准确熟练书写的程度。

经过一个假期的强化训练，效果很明显，在一年级下学期期中考试中，因为知识记忆不牢而分的现象没有取得了年级第一名的好成绩。

接下来并不是高枕无忧了，而是把孩子的监督辅导工作提

到日程上来，并做到坚持不懈。女儿的学习成绩一直稳定在年级前三名。大概到了小学三年级时我开始慢慢放手，女儿也渐渐成为学习的真正主人。她很清楚自己每天什么时间做什么事情，如果她没做完，是不会休息的。

女儿上初中的时候，有一次老师留的作业特别多，到晚上十一点多她还没有写完，我便催促她睡觉，让她第二天早点起来写，可女儿却说她不想把今天的学习任务留给明天，不想打破自己的学习习惯，更不想重蹈"明日复明日，万事成蹉跎"的悲剧。当时，我虽然心疼女儿，但看到她很有毅力把自己良好的学习习惯坚持下去，心里还是感到很欣慰的。

此外，孩子到了高三下半学期时，为了迎接模拟考试和最后的高考，她为自己制订了一套复习计划，每天坚持完成。无论有什么特殊情况，她都是坚持如一。最终，女儿用良好的学习习惯争得了学习的主动权，考出了自己理想的成绩，这是水到渠成的结果。

因此，家长在小学低年级让孩子养成良好的学习习惯是非常重要的，也是十分必要的。

三、注重对孩子良好的心理素质的培养

在女儿小学阶段，我在培养她学习习惯的同时，还十分注重对她考试心理素质的培养。我觉得一个人从小到大，在各个方面要有良好的适应能力，当然良好的适应能力是需要培养的。因为孩子正处在不断寻觅探索的成长阶段，他们尚不清楚某些利害关系，这就需要家长及时洞察孩子的内心，在孩子迷茫的时候引导他们，帮助他们找到正确的方向。

我的北大梦

比如，女儿在上小学二年级的时候，有一次考试前她问我："妈妈如果我考不好怎么办？"我听后的第一反应就是孩子已经出现了考试焦虑症，我暗暗告诉自己，一定要在不知不觉中让孩子甩掉心理负担。于是，我便若无其事地笑着说："你这种担心是正常反应，每一个有正常思维的学生，都想考出好成绩，都怕自己考不好。但妈妈觉得凭你现在学习的认真程度根本没有必要担心。考卷上考的都是你学过的知识，对于平时认真学习的孩子来讲，出现不会做的题的可能性很小。只要你仔细审题，认真做题，一般都能取得理想的成绩。即使你偶尔遇到不会做的题也不要紧张，一定要保持冷静，动脑筋去思考，能做多少是多少，只要你尽力了，就算题做不出来也没什么可惜的。"女儿听完我这番话后，平静了许多，脸上洋溢着轻松、快乐的笑容。

考完试后，女儿高兴地对我说："妈妈，我考试的时候一点也不紧张，我觉得我能考得很好。"我拍拍她的肩膀说："我姑娘考试怎么会紧张呢？！我们是学习的主人，应该把学习当成最快乐的事情。既然是学习，就肯定少不了考试这个检测环节。因此，我们对待考试应该持有顺其自然的态度，不要过分看重分数和排名，只要我们努力过了，结果如何并不重要。重要的是你能从每次考试中找到自己的不足点，不断地总结经验，使自己不断地进步。人的一生要经历很多次考试，如果害怕考试，学习就不会有快乐可言了，自己就会变成学习的奴隶。"女儿用力摇了摇头说："我不要做学习的奴隶，我要做学习的主人。"我抚摸着她的头说："那好，我们从现在开始把紧张抛得远远的，平静自如地迎接每次考试的到来好不好？"女儿用力点了点头，伸出弯曲的小手指和我拉钩进行约定。

陪伴孩子的成长之路

从那以后，我便留意女儿考试前后的反应，并及时查看她的试卷情况。虽然在考试前女儿还是有一些紧张的情绪，但比以前已经缓解了许多。虽然女儿没有再当着我的面说她害怕考试，但是我知道她在尽力克制自己的紧张情绪。我觉得家长此时的沉默不语胜过千言万语，给孩子一个自我调节的机会是非常有必要的。随着年龄的增长，我渐渐地发现孩子对待考试越来越平静了，似乎把考试看得很淡，也很少向我汇报考试的情况，可见她的考试心理素质正在逐渐地提升，日趋成熟。到了高中，女儿已经能在遇到任何学习问题时不再焦虑，泰然处之，这极大地提高了她的学习效率，为高考取得好成绩打下了良好的基础。

四、"吃透"课本，灵活运用知识能力的培养

孩子到了初中，由于科目多，难度加大，难免会出现学不懂的情况，这时家长就要引导孩子通过多种途径去解决问题。比如，让孩子通过查找相关的课外辅导书或上网搜索来寻求帮助，把所学的知识"吃透"。如果家长有能力，则可以与孩子共同分析问题，这样，孩子的学习积极性会更高。

女儿在上初三时，她对物理的凸透镜成像问题没有听懂，我听后马上在网上帮她找到了相关问题的解析视频，而且陪着她一起看，一起分析，可是有些现象她还是不理解。于是，我便和她一起根据视频里的讲解做实验，直到她把原理弄懂为止。女儿在解决这个问题的过程中，意识到要想学好物理，必须要有动手操作的能力；同时，她也意识到如果知识没有真正学透，就不能很好地解决学习上的问题。

我的北大梦

从那以后，女儿对自己的学习提出了更高的要求，设法把学到的知识彻底"吃透"并养成了追问思考、问题不过夜的好习惯。功夫不负有心人，在初三期末考试中她的总分超出第二名40分，遥遥领先。在2014年中考中取得了年级第一名的好成绩，并顺利地考进了农垦宝泉岭管理局高级中学。

因此，孩子只有寻找到适合自己的学习方法，才是成功的唯一捷径。

女儿上高中后，我能明显感受到她的思想压力变大了，压力主要来自：平时作业量大、没有足够的时间弄懂不清楚的知识，以及考试成绩不理想这三个方面。针对这一情况，我给了她以下一些建议：

第一，抓基础。一定要把基础性的知识弄清楚，至于比较难的题，等有时间再研究。

第二，根据各学科特点并结合自己的实际情况，尽快摸索出适合自己的一套学习方法。不要太看重每次考试的分数，方法对了学习成绩自然而然就会好的。

第三，一定要保证充足的睡眠，不能熬夜，晚上十一点之前必须睡觉。

女儿听完我的三点建议之后似乎平静了许多，不像原来那样经常打电话和我发牢骚。女儿经过努力，学习成绩有了突飞猛进的变化，在高一下学期的期中考试中一鸣惊人，年级排名前进了五十名，进入年级前三十名。在高一下学期的期末考试中，更是进入了年级前二十名，并荣幸地获得了奖学金，给波澜起伏的高一生活画上了圆满的句号。看到女儿的进步我很欣慰，并给她进行了物质上的奖励。后来女儿说，为了完成自己的学习计划，每天晚上十一点熄灯后，她都要去公共卫生间再去背半个小时的书。我听后鼻子酸酸的，很心疼她；同时，也为她的这种吃苦精神和持之以恒的毅力而感到自豪。在高考结束之前，女儿都始终用自己摸索出来的一套学习方法学习：

- 每天六点起床，十一点半之前睡觉。
- 课上紧跟老师的步伐，课堂上学的知识当堂消化，不占用课下时间。
- 中午吃完饭做数学作业，再睡十五分钟到二十分钟的午觉。
- 充分利用好每天的自习课时间，为晚上早点睡觉争分夺秒地向时间要效率。

女儿用的这套学习方法的效果越来越明显，在高二上学期期末考试中她取得了年级文科第二名的好成绩，在高二下学期期末考试中她取得了年级文科第一名的好成绩，高三的成绩基本都在年级文科前四名小幅波动。

"天道酬勤"，一千多天的坚持，终于熬到了出彩的这一天——接到了北京大学的录取通知书。

五、注重对孩子自主意识的培养

在女儿的成长过程中，她的事情主要由自己来决定，我只是负责给她一些建议，培养她从小独立自主的意识。例如，购物、处理各种人际关系、选择专业和学校等，全都由她来决定。女儿喜欢网购，难免会出现买的不合适的情况。每当遇到这种情况，我不会责怪女儿，而是会和她一起寻找购物失败的原因，让她不断地积累经验，毕竟这是一种现代人必备的生活本领。

我的北大梦

　　此外，从高一开始，女儿觉得自己有些胖，决定开始减肥。我并没有反对，但我建议她能健康地减肥，注重营养，不能影响健康，更不能影响学业。女儿寻找并珍惜每一个可以运动的时间，经过高一、高二两年健康地减肥，女儿170cm的个头，体重由原来的70公斤减到了54公斤，虽然她看上去很单薄，但精力还是很充沛的。我觉得女儿的减肥计划很成功，同时也觉得她很有毅力，自己决定的事情从来不会半途而废。然而，到了高三，由于学习任务的加重，女儿的身体出现了不舒服的感觉，她又毫不犹豫地改变了减肥计划，决定多增加营养，适当增加饮食，让体重再增加一些，以适应备考阶段体力和精力的消耗，结果一切都如她所愿。现在女儿在处理自己的事情上很有主见，一般不需要我的参与。

　　上面所述，是我在陪伴女儿成长过程中的几点心得和体会。最后，我也希望女儿尽快适应北京大学的学习和生活，也能摸索出一套适合自己的学习方法，圆满地完成学业。

顺其自然,因势利导,方能梦想成真

执笔家长:薛三军
学生姓名:薛凌峰
录取院系:生命科学学院
毕业中学:浙江省宁波市镇海中学
获奖情况:全国中学生物理竞赛(决赛)二等奖

我的北大梦

> 顺其自然,就是要顺应孩子的自然成长规律,而不是消极地任其自然发展,更不能"拔苗助长"。因势利导,就是要把握并启发孩子坚守正道的时机,积极主动地创造良好的成长环境,为孩子树立良好的学习榜样,而不能把家长的意志强加于孩子。

考入北京大学这样的一流大学是每一个孩子的梦想,也是我们家长的最大梦想,如今梦想变成了现实,身为父亲的我感到无比的快乐和幸福,真的体会到了梦想成真的感觉。是什么成就了我们的梦想呢?有人说是因为孩子聪明,也有人说是因为孩子的运气好。我却认为,是良好的成长环境和教育环境成就了我们的北京大学梦想。法国哲学家爱尔维修认为"人是环境和教育的产物",中国大思想家、大教育家孔子认为"性相近也,习相远也"。那么,我们家长应该给孩子创造怎样的良好的成长环境和教育环境呢?我又做了哪些努力呢?概括起来是八个字——顺其自然,因势利导。

一、顺其自然

顺其自然,就是要顺应孩子的自然成长规律,而不是消极地任其自然发展,更不能"拔苗助长"。

五千年的中华文明,源远流长,博大精深。中华文明经历了漫长的历史变迁，在建立中华人民共和国和建设中国特色社会主义新时代仍然闪烁着耀眼的光芒。套用当下一句流行的哲学名言"存在就是合理"，那么，能够长久存在的就一定是更加合理的。诞生于欧洲发达的资本主义国家的马克思主义，却在中国这片土地上生根、发芽、发展和壮大，也足以说明中国文化的先进性。因此，我们有理由相信代表中国文化的先哲老子、孔子等古人关于人的自然成长规律的论述是正确的。

（一）千里之行，始于足下

"千里之行，始于足下"，这句话说明了积累的重要性。学习就是一步一步积累知识的过程，家长要帮助孩子利用好每一天、每一分钟和每一秒。孩子的时间，除了必要的休息和适当的娱乐之外，都应该用于学习，当然在儿童时期，最好的教育方法是寓教于乐。只要孩子肯用心积累时间学习，成功是必然的。

（二）合抱之木，生于毫末

"合抱之木，生于毫末"，这话句说明了细节的重要性。事物的发展都是从细微的苗头开始的。一个极其细微的不良行为习惯，发展到后来，会导致意想不到的恶果；一个极其细微的善良行为习惯，发展到后来，也会带来意想不到的善果。所以，我们家的经验是，家长应该重视孩子的行为细节。我从来没有真心地打过孩子，唯一例外的一次是因为一元钱的事，孩子没有问我们家长就擅自拿了橱窗里的一元硬币，买了好玩的卡片，于是我狠狠地教训了他一顿。

（三）九层之台，起于累土

"九层之台，起于累土"，这句话说明了大众的重要性。鲲

我的北大梦

鹏展翅九万里也是借助了风的力量。孩子学习的成功，离不开同学的帮助、老师的教导，更离不开家人无微不至的关怀；否则，梦想成真也将会是功亏一篑。家长要竭尽所能，把自己的"功力"传导给孩子，要多学习、少应酬，助孩子一臂之力。其实，孩子成长环境中接触到的每一个人对于他的成功都很重要。九层之台不可能是一个人垒起来的，其中每一筐的土都很重要。因此，家长要认真选择居住的环境，善待身边的每一个人。

（四）祸兮福所依，福兮祸所伏

"祸兮福所依，福兮祸所伏"，这句话说明了主观能动性的重要性。没有一定的条件和主观的努力，祸福是不会转化的。而具备了一定的条件，再加上主观的努力，坏的东西可以引出好的结果，好的东西也可以引出坏的结果。在人生遇到挫折的时候，我们要顺其自然，以平常心和积极的心态面对生活中的变故，然后充分发挥主观能动性，坚定信念，坏事很可能就会变成好事。明代思想家王守仁说过"人人皆可为圣人"，英语中也有句格言"Nothing is impossible"（一切皆有可能）。

很多人会抱怨上天对自己不公，其实，上天对每个人都是公平的。生在穷苦人家并不一定是坏事。生在富贵人家也并不一定是好事。对于选择勇攀科学高峰者来说，耐得住寂寞和吃得住苦是必须具备的基本素质，而富贵人家的孩子往往缺少这方面的锻炼机会。

我们家也遭遇过困难，就在薛凌峰同学小学一年级开学的前几天，他遭遇了车祸，一辆摩托车撞断了他左腿的胫骨和腓骨，需要在家休养3个月。那时他刚满6周岁，推迟一年上学也很正常,但是,我们选择了让他继续上学。前面两个月我们领他在家自学,后面一个月背着他去上学,结果期末他还被评上了"三好生"。事实证明,当时顺其自然的选择是正确的,现在回想起来,是非坐不可的那三个月,培养了孩子坐得住的耐力;是在家自学的那两个月,培养了孩子自主学习的能力。

(五)性相近也,习相远也

"性相近也,习相远也",这句话说明了成长环境的重要性。"性"也可以理解为天命,大部分人先天并无太大的差别,是后天的实践环境的不同使人们的智力和习惯产生了巨大的差别。好的环境可以使人形成良好的品行,坏的环境则使人形成不好的品行。因此,家长应该给孩子创造良好的成长环境。

(六)天行健,君子以自强不息

"天行健,君子以自强不息",这句话说明了自强不息是人的本性。人不应该被动地适应自然,而应该主观能动地改造自然、改造这个世界。人生在世,活一日当有一日之勤,所以我们应该力求自我进步,刚毅坚卓,发奋图强。自觉能动性是人类特有的属性,是人同动物的本质区别。我想,人之所以能进化成为万物之灵,也许正是缘于这个人类特有的属性吧。

二、因势利导

因势利导,就是要把握并启发孩子坚守正道的时机,积极主动地创造良好的成长环境,为孩子树立良好的学习榜样,而不能把家长的意志强加于孩子。

我的北大梦

法国哲学家爱尔维修认为"人是环境和教育的产物";中国大思想家、大教育家孔子认为"性相近也,习相远也";英国空想社会主义者欧文认为"教育下一代是最最重要的问题""是每一个国家的最高利益所在""好的环境可以使人形成良好的品行,坏的环境则使人形成不好的品行"。因此,家长要把给孩子创造良好的成长环境和教育环境作为头等大事来抓。

(一) 家长要为孩子创造健康的身体成长环境

家长要为孩子创造健康的身体成长环境这方面,不用多说,中国的家长做得非常好。中国特有的"春运"大潮现象,正是源于对父母养育之恩的回馈。但是有两点应该引起家长足够的重视,一是不要做过了头——给孩子乱"补"食物;否则,过犹不及。我们家的经验是:顺其自然,没有特殊情况一律不补,除了补钙之外。二是不要以爱的名义,对孩子进行控制。

(二) 家长要为孩子创造健康的心理成长环境

家长要为孩子创造健康的心理成长环境这方面,是中国家长的短板,需要引起我们足够的重视。

就人格方面而言,家长和孩子应该是平等的。有研究表明,6岁左右,孩子的性格就已经基本形成,孩子已经有了自尊心,因此,家长要十分注意教育孩子的方式和方法,不要随便打骂孩子。我认为,打骂孩子是最差的教育方法,正是"棍棒底下出孝子"的传统教育理念,导致了很多人的顺从性格和缺乏创新精神。家长更不能把自己的意志通过粗暴的方式强加于孩子,家长要因势利导,把握时机,用引领和引导的方式实现家长的意志。家长要关爱孩子,要尽量陪伴孩子,要服务于孩子,而不是管制。

"言教不如身教",尤其对待青春期的孩子,最好的教育方法是身教,因为身教不会伤孩子的自尊心,不会引起孩子的叛逆。3 岁至 12 岁是孩子心理成长的关键时期,为了创造良好的心理成长环境,家长应该做到:不长期远离家庭和工作,不在孩子面前吵架等。

(三) 家长要为孩子创造正确的思想成长环境

正如毛泽东所说"人的正确思想不是天上掉下来的",人的思想是在成长环境的影响下逐步发展形成的,家长对孩子的思想成长影响最大。因此,如果家长想让孩子有正确的思想和信仰,那么首先自己要有正确的思想和信仰。正确的思想和信仰有强大的力量,即"心"的力量,心中没有正确的思想,心就会变得荒芜,心就会很容易被不正确的思想占据。

家长对孩子的正确思想的培养也要做到因势利导,"不愤不启"。当孩子对人生产生迷茫而发问的时候,家长要抓住时机,予以正确的引导。我和孩子之间有过这样一次人生之问:一次在吃午饭的时候,孩子突然发问:"人怎样才会快乐?"我说:"活得有意义就会快乐。"他又问:"人生的意义是什么呢?"我说:"'三养',哪三养?赡养好父母,修养好自己,抚养好儿女。"赡养好父母的标准是"敬",修养好自己的标准是"真、善、美",抚养好儿女的标准此处不再赘述。

(四) 家长要为孩子创造良好的教育环境

为了给孩子创造良好的教育环境,家长做到"孟母三迁"

是难能可贵的。但是在当今社会,在孩子成长的关键时期,特别是九年制义务教育期间,我认为家长做到"三不迁"更难能可贵,哪"三不迁"?第一,为了住房升值,变换住房,使家远离了学校,不迁;第二,为了个人喜好,变换职业,使家远离了学校,不迁;第三,为了仕途升迁,变换岗位,使家长远离家庭、工作或作息时间无规律,不迁。

(五)家长要为孩子树立良好的学习榜样

毛泽东讲过"榜样的力量是无穷的"。"榜样"用现在的时髦话叫"偶像",而偶像对于如今一代的孩子具有强大的号召力和影响力。我认为人的一生离不开四个榜样:在家里,父母是榜样;在学校,老师是榜样;在单位,领导是榜样;在社会,名人是榜样。特别是,如果榜样在身边的话,孩子就会不知不觉地受到影响。因此,把家长和老师"打造"成孩子良好的榜样尤为重要。那么,如何"打造"榜样呢?

首先,家长一定要弄清楚什么是正道,什么是歪门邪道。要有意识地坚守正道,把自己正面的形象展现给孩子,把不良的行为和习惯隐忍下来,也就是一定要把正能量传递给孩子。

其次,家长要努力改正自己的不良行为和习惯,培养自己良好的品行,并且在某几个方面做到极致,最好能超越孩子。这些年来,我坚决改正乱扔垃圾的习惯,坚持学习英语和"四书",就是为了给孩子树立一个遵纪守法、勤奋刻苦的榜样,也是准备在孩子成长的道路上助其一臂之力。

最后,家长一定要树立诚实的榜样,这一点在当今社会尤其重要,要有意识地屏蔽一些对家长、老师和社会的负面评价信息,要使孩子的心灵保持纯净,要使孩子对家长、老师和社

顺其自然，因势利导，方能梦想成真

会充满信心和期待，愉快地成长。纯净的心灵可以使孩子的心保持安静，愉快的心情可以提高孩子的学习效率。

总之，是良好的成长环境和教育环境成就了孩子的北京大学梦想。进入了北京大学，孩子也已经年满18周岁，在他漫漫的人生求索道路上，已迈出了坚实的第一步。今后，他将远离家乡，虽然少了一份父母的关怀，但是多了一份名师的指点，只要他能坚守正道，坚定信念，勇于思索和创新，在北京大学，必将成就他更大的梦想——进入哈佛大学读研、勇攀科学高峰、成为民族的脊梁以及做一个引领未来的人。

由于本人才疏学浅，不善文笔，不当之处请老师和同学们批评指正。

莫问收获，但问耕耘

执笔家长：杨　娅
学生姓名：汪怡雯
录取院系：化学与分子工程学院
毕业中学：北京汇文中学
获奖情况：2016年全国中学生生物学联赛（省级赛区）二等奖
第十九届北京高中数学知识应用竞赛论文一等奖
第十五届全国创新英语大赛全国二等奖
"叶圣陶杯"全国中学生新作文大赛三等奖
2014年全国中学生英语能力竞赛高中一年级组二等奖
北京市"三好学生"

我的北大梦

> 家长在帮助孩子确立目标时,首先,家长要尊重孩子的意愿和选择,提供一些参考和引导即可;其次,目标必须是唯一的,否则会让孩子无所适从;最后,目标也可以按照情况变化适时进行调整。

上天赐予我一个美丽、聪慧和善良的女儿,当2017年7月17日8时许我查到女儿被北京大学化学与分子工程学院录取的信息时,我真正感觉到与北京大学的零距离接触。短暂的欢悦之后,我不禁想起我牵着女儿的手一步一步走过的十八载春秋。那么,我们是如何走近那令人梦寐以求的北京大学的呢?

一、营造良好的家庭氛围至关重要

我一直笃信无论是家庭环境、学习环境,还是社会环境,对一个人的影响都是巨大的。家庭环境在日常生活中长年累月、潜移默化地影响着孩子,让孩子养成不同的行为习惯和性格方式,对于心智正在发育的未成年人来说,家庭环境更显重要。

就我们家庭来说,我在企业上班,孩子爸爸在大学里当老师,我们平时的工作都很忙,很少有时间顾及女儿的学习。听到女儿被录取的消息,亲朋好友们的祝福和赞叹纷至沓来,当

他们问及我的教育方法时,我只是一笑说"无为而治"。当然,在"无为"的背后隐藏着一个"大道",即我们给女儿营造了一个温暖、阳光、平等、宽容、知性而不失严格要求的家庭环境。

平时晚饭后,孩子爸爸经常在书房的电脑前写学术论文、阅读文献或修改学生论文,我则在客厅看看新闻,或者戴上耳机听听音乐,或者阅读令我感兴趣的书,或者看看报纸杂志。女儿在自己温馨的小屋中学习,偶尔也会到书房问她爸爸一些问题或父女开玩笑寒暄几句;偶尔也会坐到我身边来,大声朗读语文或英语文章,或者翻看当天的报纸并摘抄好的句子;偶尔会到阳台看看我养的花草或小动物,以作小憩。就这样,我们三个人每天平平常常,但各得其所。

(一)家长在孩子小学阶段的教育方法

如果我们要想达到"无为而治"的境界和形成"各得其所"的秩序,可能也不是一日之功。我认为孩子最为关键的时期是小学阶段,小学是养成良好学习习惯和掌握适合自己学习方法的最佳阶段。在这个阶段我努力让自己成为女儿的"良师"。

虽然女儿寄宿读书,但我对她的各门功课的情况都较为详尽地过问和把关,并给她传递一些良好的学习方法和习惯,比如,让她制订学习计划、课前预习和课后复习、引导深入思考和提问、良好的书写习惯、课余的阅读习惯,以及摘抄优美句子的习惯等。

此外,小学阶段我也特别重视女儿的语文学习,鼓励和安排她做了大量的语文课外阅读,一方面可以增长她的课外知识，另一方面可以提升她的文化素养、阅读能力和写作能力。女儿在小学阶段写的每一篇作文，我都亲自修改并全部汇编成册，有时我会为她提供写作思路让她参考。

女儿通过阅读课外读物，既拓宽知识面，陶冶文学情趣，又了解中华文明历史和古典文化，极大地提升了她的人文素养，使她具备了较强的写作能力和表达能力，并善于分析时政，提出独到的见解和观点。女儿多次参加班级和年级辩论会，她也多次获得全国青少年"春蕾杯"征文比赛的奖项和"叶圣陶杯"全国中学生新作文大赛的奖项。

（二）家长在孩子初中阶段的教育方法

在初中阶段，女儿基本养成了自我学习的能力和习惯，开始有了自己模模糊糊独立的思想，时常出现叛逆情形。在这个阶段，我逐渐脱离对女儿学习的陪伴，并努力让自己成为她的"益友"。我会更加关注女儿的内心世界，经常和她像朋友一样平等地聊天，讨论一些她所关注的事情，比如，学校的老师、同学或朋友。我也会和她谈论对一些事情的见解和看法，并及时将自己的观点予以表达和传递，但绝不是操纵她的思想，我希望通过这种方式，让她逐渐形成自己的价值观和是非观，养成独立思考的习惯。

（三）家长在孩子高中阶段的教育方法

在高中阶段，我彻底不再干预女儿的学习，并努力让自己成为她的"生活保姆"。比如，我为女儿提供服装、美食、摄影和娱乐服务，尽可能让她心情愉悦、身体健康。而孩子的爸爸则成为她最忠实的司机，总是能提供优质高效的"用车服务"。特别值得一提的是,最后一年只要女儿上学,我就会每天中午从单位把午饭送到女儿学校,风雨无阻,只为了她能吃上健康可口的饭菜,这也是我累并快乐着的一段美好回忆。

正是这些点点滴滴无微不至的家庭关怀和爱意,鼓舞和支撑着女儿完成高中艰苦的学业。

二、培养孩子良好的品德是使其终身受益的教育

品德和品质是一个人内心深处的根,有了良好的根基必定会长出茂盛的枝叶和结出丰硕的果实。我认为,一个人无论将来从事什么工作,支撑和引导他行为的依然是内心的尊崇和品德的评判。在女儿的成长过程中,我非常重视培养和塑造她的品德和精神修养。

(一)家长要注意培养孩子成为一个自信豁达的人

女儿从小就是一个文静、腼腆的女孩,但她读小学后改变了我对她的看法。

记得在2009年学校组织同学参加北京市红领巾"读书小状元"活动,每个班级只能有一个人参加,女儿勇敢地报了名。比赛活动包括填写基本情况、撰写演讲材料、准备各类读书笔记资料以及所获奖项等,最关键的环节是女儿要在由众多老师组成的评委面前演讲。毕竟女儿第一次在这样的场合演讲,虽然我心中有些担心,但我还是积极地和她一起准备,一次又一次地在家中彩排。演讲过程中,女儿总是带着微笑,充满自信地展现着自己。最后,女儿用她的自信和能力征服了评

我的北大梦

委老师，成为2009年北京"读书小状元"。

之后，学校举办的各类活动，我都鼓励女儿积极参加和乐观面对结果，慢慢地她从获得的奖励和成功中找到了自信和快乐。

（二）家长要注意培养孩子成为一个充满创意的人

每当我看到女儿的每一篇习作、每一幅画时，总会情不自禁地感叹她的创造力和想象力是如此的丰富，觉得她已经远远超过了我。比如，在写《中秋赏月》一文时，女儿这样写道：

> 这圆月是那样明亮，像古人梳妆用的铜镜，又像悬挂在天上的一盏明灯，是不是桂花树上挂的圆灯笼呢？这圆月是那样纯净，如一团白花花的棉絮，又如一个一尘不染的白瓷盘，是不是玉兔使用的餐具呢？这圆月是那样的皎洁，似一块光洁绚丽的丝绸，又似一块精雕细琢、毫无瑕疵的美玉，是不是嫦娥姐姐送给我们的礼物呢？这不正是李白所写的"小时不识月，呼作白玉盘。又疑瑶台镜，飞在青云端"吗？

记得女儿在小学曾迷恋上玩魔方，她可以在很短的时间内让其中的一面同色，于是我又及时引导和勉励她，让她努力试着拼出二面、三面或更多面同色。在经历了一次次尝试和失败后，女儿最终成功了。再后来，女儿竟然自己上网查找关于魔方拼法的诀窍，一次又一次地挑战自己的能力，还参加了学校组织的魔方大赛。

在我看来,孩子喜欢上某件玩具或事物并不一定是坏事,反而会激发他们的创造力和想象力,也会激发他们努力寻求解决问题的途径和方法,用独立和独特的思维方式思考和解决问题,而不是囿于固有的结论。

(三)家长要注意培养孩子成为一个坚持不懈的人

不论是写作业、画画,还是弹琴,女儿都能专心致志、尽心尽力地把它们完成,而且不易受到外界环境的影响。

女儿在五岁的时候,我让她学古筝,起先我非常担心她是否能坚持下来。在学习古筝的其间,我们也遇到很多困难,在学习和练习的过程中,她稚嫩的小手起了茧子,有时会因为练习不到位受到老师的批评而哭泣,也会觉得太辛苦不想再继续练了,我们磕磕碰碰地坚持到她上小学。由于女儿上的是寄宿制学校,我担心她是否还有时间练习,是否还能坚持学下去。在和女儿商量后,我决定缩短她上古筝课的频率,每两周学习一次,周末回家仍按原计划练习。最后,女儿通过了古筝十级考试,还获得了许多奖项。这完全得益于女儿的持之以恒与坚持不懈,这种品格的形成对她日后做任何事情都大有裨益。

(四)家长要注意培养孩子成为一个富有爱心的人

在女儿小的时候,我经常会带她接触大自然,让她学会热爱大自然。我教女儿要学会与自然中的每一个生命"交朋友"和"对话",将它们视为和我们一样生活在同一个世界的平等个体,像爱惜自己一样去爱惜它们,由此启发她去热爱生命、热爱自然,以及热爱我们周围的一切,做一个富有仁爱之心的人。

女儿小的时候我与她一起养植物,因为照顾不周,植物逐渐凋零和枯萎。我几次想要扔掉它,均被女儿阻止了,她哭着对我说:"要是你老了,我将你赶出去,你乐意吗?"听到女儿这句富有爱心的话,我的心里只有感动。

在中学阶段,女儿热心于参加各类公益活动和慈善活动,自己提出创办"汇文中学根与芽小组"的倡议,并与另外三名同学一同成立"汇文公益环保社"。公益环保社在校内举办了"图书诚信义卖活动",图书义卖共募集到3797元,除去活动成本,余下的3437.2元被全部捐赠给根与芽联益基金,在校内师生中获得了良好的反响。学校为这次活动做了如下评价:"这次图书的诚信售卖,与我们学校的教育理念——'全人教育'是非常符合的。这个活动无论是从人与人的角度,还是人与自然的角度,都非常有参与价值和教育意义。学生可以在投入活动的同时获得书中知识的馈赠,也践行了诚信,还关爱了环境,可谓一举多得。"

十八年的光阴塑造了现在的女儿,她从小养成良好的生活和学习习惯,并逐渐形成了追求卓越、严格自律、乐观豁达、积极向上、善良仁爱、自信坚毅、孝顺父母、诚实不欺和朴实勤俭等良好的品德和品质,我也希望她的这些良好的品德和品质在成年后依然能够保持。

三、培养孩子快乐学习和自我学习的能力是根本

在给女儿十八岁的寄语中,我曾经这样写道:

莫问收获，但问耕耘

"雯儿，生命于我们只有一次，我希望你能够热爱生命并拥有爱心。你可以尽情地热爱自己的生活、自己的人生，无论今后的人生道路上遇到什么，始终能用一颗热爱之心去面对它，拥抱它。拥有了热爱之心，你就会有无穷的力量和不绝的动力。

比如，考入大学后热爱自己的大学，热爱自己的专业，热爱你的老师和同学；参加工作后，热爱选择的工作，热爱自己的岗位，热爱身边的同事和朋友；生活中，热爱你的家庭，热爱你的爱人，热爱你的父母与子女；闲暇时，热爱读书，以书为伴，在书中了解世界、了解社会、寻找真理；热爱思考，始终让自己的思想保持独立与自由，有自己独特的见解和判断。

此外，你还可以热爱一曲悠扬的音乐，热爱一场感人的电影，热爱一段美妙的旅行，热爱某项自己喜欢的体育运动。最重要的是，你一定要学会热爱大自然，大自然中不仅蕴藏着无限的生机与活力，还蕴藏着很多科学的本质以及哲学思想的起源……

（一）家长要培养孩子热爱学习和快乐学习的能力

培养女儿热爱学习和快乐学习的能力是我这个启蒙老师的关键任务之一。从女儿孩童时开始，我的教育理念一直就是"快乐式教育"，从不强迫女儿被动、枯燥、忍着痛苦地去做她内心不乐意做的事情。我一直笃信"快乐比成功更重要，环境比说教更重要"。我们基本上都是通过游戏来学习的，比如拼

我的北大梦

音的学习、英语的学习和古诗的学习等。

在家里,我们也经常做些游戏,比如,上课游戏、排队游戏、散步游戏、猜谜语游戏、购物游戏和你比我猜游戏(即一个人比画动作,一个人猜内容)等。有一次,我们做你比我猜的游戏,女儿和奶奶比画,让其余人来猜。只见女儿拿了一把扫帚,开始她的表演。女儿先报幕道:"下面,我们表演的是一首古诗。"报完幕后,女儿便拿起扫帚不停地做挖地的样子,还时不时地用手擦汗。"锄禾日当午,汗滴禾下土。谁知盘中餐,粒粒皆辛苦。对不对?"爷爷大声喊道。"对了,您答对了,不过主要还是我表演的比较逼真,是不是?"女儿问道。顿时,全家人都笑得前仰后合。

在这样的家庭氛围中,女儿和我们一起做家务、一起嬉戏、一起旅游和一起运动,我们共同在快乐中成长、在快乐中学习和进步。

我想孩子都是有天性的,喜欢在玩乐中学习和成长,所以家长一定要学会寓教于乐。

之后的各类学习,我都会找到一些女儿喜欢接受的方式,如旅游式学习、博物馆式学习、电视式学习、网络式学习、阅读式学习、电影式学习和音乐式学习等。其实,学习的方式多种多样,只要让孩子有心学习和热爱学习,他们总能找到适合自己的方式。

除了古筝、钢琴、吉他和雅思课外辅导班以外,我没有给女儿再报过其他课外辅导班。其实,不上课外辅导班省下的这些时间,女儿用在学习她感兴趣的事物或自己补充课内知识,也不失为一种收获。

（二）培养孩子的自主学习能力

当女儿逐渐建立良好的学习习惯，并有热爱学习的能力以后，培养她的自我学习能力就是我的另一个关键任务。在这个阶段我传输给女儿的思想是，学习是自己的事情，学习是为自己学的，而不是为他人学的，学习必须成为自己应负的责任。

女儿小学毕业时，她被崇文小学评委"优秀学生"。因为暑假我们带她去欧洲旅行，没有让她很好地准备分班考试，所以女儿没有被分到汇文中学的"实验班"。看到自己的分班考试成绩后，女儿领悟到了"山外有山，楼外有楼"的道理。在看到与他人差距的同时，女儿更加发奋努力学习，分析和发现自己的"短板"所在，一步一步地追赶，最终在初三下学期被调入"实验班"。进入"实验班"以后，班里的同学很多是"学霸"，我偶尔能感受到女儿所承受的压力。在短暂的适应和调整之后，女儿发挥出自己的学习能力，一直将学习成绩稳定在年级前十五名的水平。

虽然女儿很少参加课外辅导班，但她通过阅读书籍、和同学们一起探讨研究等方式学习了知识、培养了自己的学习能力，而且通过参加竞赛获得了一些奖项。一次偶然的机会，女儿接触到翟中和老师编纂的大学教材《细胞生物学》，这本书让女儿对生物充满了兴趣，而这种兴趣一直像发动机般推动她不断前进。之后，女儿又阅读了《普通动物学》《植物学》等教材，生物世界的神奇和美妙常常让她惊叹不已。在2016年的全国中学生生物学联赛中，女儿很荣幸代表学校参加比赛并获得了省级赛区二等奖的成绩。

我的北大梦

四、树立目标，做最好的自己，就会无怨无悔

朝着一定的目标走去是"志"，一鼓作气中途绝不停止是"气"，两者合起来就是志气。一切事业的成败都取决于此。高考对于孩子来说是一个非常关键的转折点，因此，无论是家长还是孩子，都应该根据实际情况制订适合自己的目标。

家长在帮助孩子确立目标时，首先，家长要尊重孩子的意愿和选择，提供一些参考和引导即可；其次，目标必须是唯一的，否则会让孩子无所适从；最后，目标也可以按照情况变化适时进行调整。

北京大学对于我和女儿来说，是一个遥远朦胧的梦，感觉遥不可及。按照女儿的专业喜好，我们经过多方查证和了解，我们初步确定了三类学校，其中北京大学和清华大学自然是第一类学校。目标确定后，我并没有给女儿施加太大的压力，而是鼓励她只需要努力学习，尽到自己的责任，做到最好的自己即可，能进入所列的三类学校中的任何一所学校，都是好样的。接下来，凡是我们认为可以做到的都会尽力去做，直到北京大学的"博雅计划"的结果公布之后，我和女儿才感觉到北京大学离我们并不遥远，考入北京大学这个梦想离我们越来越近了。

梁启超在教育自己的子女时说过："至于将来能否大成，大成到什么程度，当然还是以天才为之分限。我平生最服膺曾文正两句话：'莫问收获，但问耕耘。'将来成就如何，现在想它作甚？着急它作甚？一面不可骄盈自满，一面又不可怯弱自馁，尽自己能力做去，做到哪里是哪里，如此则可以无入而不自得，而于社会亦总有多少贡献。我一生学问得力专在此一

点，我盼望你们都能应用我这点精神。"我深有同感，并与女儿共勉！

我将牵着女儿的手一步一步走近北京大学并投入其怀抱，还将与她同行去共同感受如谢冕先生所言的"北大人具有的一种外界人很难把握的共同气质，他们为一种深沉的使命感所笼罩。"

有心栽花花必发

执笔家长：张又新
学生姓名：张文佳
录取院系：化学与分子工程学院
毕业中学：北京师范大学附属实验中学
获奖情况：2017年西城区"三好学生"
　　　　　　2016年中国化学奥林匹克（初赛）北京二等奖

我的北大梦

> 因此，家长平时要对孩子课内和课外的学习情况及时进行关注。家长要告诉孩子用积极、主动的学习态度来学习，当孩子取得进步时，家长不要视而不见、充耳不闻，要抓住机会及时对孩子进行鼓励和肯定。只有这样，孩子才能在学习上取得进步。

女儿经历小学、初中和高中一共十二年的求学生涯，最终被录取到北京大学就读自己理想的专业，对她来说，这无疑是莫大的荣耀与幸事，我相信这也是众多家长和孩子梦寐以求的美好结果。这其中凝聚了老师巨大的心血，以及孩子长期的努力与付出。

在孩子的学习和成长过程中，家长也起着不可或缺的重要作用。常言道"有心栽花花不发"，如果把孩子的成长比作栽培花朵，我认为只要家长真正做到"有心"，就必然能收到预想的效果。

下面，我结合自身的情况，谈谈我和孩子的妈妈在女儿学习成长过程中的一些体会和做法，希望能为依然在陪伴孩子学习和成长的家长们提供一些借鉴。

一、家长要做好孩子的教育培养规划

因为我和孩子的妈妈自身的学习和工作经历，所以我们非常注重孩子的教育培养规划。在女儿很小的时候,我们就考虑她的培养目标,甚至在她很小的时候,就有培养她上北京大学的想法。

(一)学校的规划

还在女儿牙牙学语的阶段,我们就提前考虑她在幼儿园、小学、初中和高中的上学问题,对这些学校的入学条件、教学资源提前进行了解,注意多听同事和亲戚等过来人的意见,结合自己的工作地点和学校地点,确定了大体入学规划。我们共同的想法是,家庭地点、学校地点和工作地点最好能够相距不远,方便我们接送女儿和上下班。经过认真规划和努力以后,女儿的幼儿园和小学都在离家很近的地方上学,我们步行就能接送她,时间不到十分钟;初中和高中阶段,女儿自己骑自行车上下学,路程大约十五分钟。这为我们以后陪伴孩子学习和成长提供了十分便利的条件。

(二)学习和成长规划

我们帮助女儿做好学校学习和成长的规划,并且希望她得到全面发展,注重综合素质能力,各个科目的学习齐头并进不偏科。这个想法从女儿上小学一直到高中毕业,都深深烙在我们的脑海中,体现在我们与她的互动中,也深深影响着孩子。比如,女儿从小学到高中的十二年年间,一直担任班干部,为同学们做好服务,并且当好老师们的助手,这为她的综合素质能力的提升,提供了良好的条件。

此外,我们十分注重开阔女儿的眼界。从小学到高中二年级,每逢节假日我们都会带她逛各种博物馆和自然景观,不断增长她的见识。每年的暑假，我们都会安排一次家庭的外出旅行，欣赏祖国的大好河山或者国外的名胜古迹；到中学阶段，我们考虑到她今后的学业，重点去国内外的名校所在地旅游。

二、家长要持续关注孩子的学习和成长

我们非常注重对女儿学习和成长的持续关注，把她的学习和成长作为家里的一件大事，这成为她学习和成长的强大推动力量。

（一）家长要掌握孩子日常的点滴生活

我们对女儿的学习和成长持续关注，表现在日常的点点滴滴中。比如，在女儿的小学阶段，我们每次在接她回家的路上，都会问她今天学了什么课，老师讲了什么有趣的事情，以及老师布置了什么作业等。在家里，我们会和女儿一起看她的作业本，对工整的作业我们及时表扬她。在女儿的初中阶段，我们也同样会问女儿她在学校的学习和生活，她也会主动提起学校的活动情况以及班上的一些事情。在女儿的高中阶段，女儿的学习任务比较重，我们会问她各个科目综合练习的情况，如果发现有的科目得分少，就会和她一起分析原因，并提醒她加大对这个科目的学习力度。

女儿在学校当班干部，她会把很多事情带回家来做，我们也会帮助她一起完成。比如，女儿要做小报，我们会根据她的要求上网查资料、找素材，帮助她排版、打印，还给她出主意、提建议。这既增加了我们与女儿之间的互动，又能在一定程度上提高她的工作效率，让她有时间完成各个科目的作业。

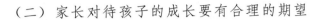

(二) 家长对待孩子的成长要有合理的期望

如果家长对孩子的学习和成长持续关注,就能够对孩子的成长有合理的期望。下面,我以女儿的期中、期末考试为例来说明。

因为平时我们对女儿的学习状况非常了解,所以我们基本上能够预测孩子考试的大致结果,对她的成绩有比较理性的认识。如果女儿考得很好,我们就对她进行充分肯定与赞扬,同时也告诉她,考得好不代表她已经掌握了所学的知识,还有很多同学比她考得更好,如果她能进一步努力,今后将能取得更大的进步。如果女儿没有考出理想的成绩,我们就告诉她,平时她已经付出了很多,对丢分的题要认真分析原因,要相信这次考试只是自己没有发挥出真正的水平,在今后的学习和考试中,自己付出的努力是绝对不会白费的。因为我们的关注,所以女儿每次都能正确和理性地面对考试成绩,心理素质变得越来越强大,在考试中越来越沉着冷静,成绩也越来越好。

(三) 家长要掌握孩子各个科目的学习情况

家长对孩子的学习和成长持续关注,还体现在对孩子各个科目学习的平衡掌握,避免孩子出现偏科现象。

比如,如果家长发现孩子在某一科目上花的时间相对较多,应该及时提醒孩子开展其他科目的学习。如果家长发现孩子在平时的测验中某一科目的成绩相对较低,就应该提醒孩子分析原因,并在下一次测验中及时把问题改正过来。

对于女儿相对较弱的科目,我们会和她一起想办法提高,比如建议她上课外辅导班,建立错题本,以及加大做题量等,但最终采用哪种方法由她自己做出决定。在女儿做出决定以后，我们会积极支持并配合她。虽然语文、英语和化学是女儿的优势科目，但我们平时也会给她敲警钟，告诉她虽然这些是她的优势科目，但她不花费一定的时间来巩固所学的知识，时间长了就不会成为她的优势科目了。

（四）家长对孩子的努力付出

家长对孩子的持续关注，还体现在家长的付出上。比如，女儿在高三期间作业比较多，经常会做到很晚。在女儿做作业的时候，我们也做自己的事情，一直陪伴她完成作业，让她知道我们也和她一起在努力。女儿下晚自习，只要没有特殊情况，我们都会去学校接她一起回家，给她精神上的支持。女儿上课外辅导班，我们每次都会安排好她的吃饭和接送问题，让她能够专注做自己的事情，为她的学习提供全面的支持。

三、家长要培养孩子认真做事情的习惯

培养孩子认真做事情的习惯非常重要。我一直教育女儿，无论做什么事情，都要认认真真地把它做好。以做学习小报为例，小学期间老师经常会让女儿做学习小报，我们和她一起反复挑选图片、设计边框、修改版式和文字等，直到做出令人满意的效果为止。女儿做的学习小报每次都能在学校的评比中获得奖项，为班级带来荣誉。

中学六年期间，女儿一直担任班级宣传委员和语文课代表，每次做黑板报和宣传栏时，她都十分认真，精心设计并撰写文稿，这个认真的习惯始终如一。

再比如包书皮，女儿上小学一年级的时候，学校发了新课本，我们买来书皮但是没有大包大揽地帮她包，而是教会她包书皮，剩下的课本由她自己去包。以后每个新学期发新课本，女儿都会自己包书皮，而且更加懂得珍惜和保护课本的书皮。这个认真的劲头，用在学习上就成为提升学习成绩的利器。比如，认真完成老师布置的作业，是女儿雷打不动的习惯。尤其在高中阶段，各个科目的作业相对较多，有些是要背诵的，有些是要默写的，有些是要做的练习题，女儿都一门一门按老师的要求完成，丝毫不打折扣。如果由于其他事情占用了写作业的时间，女儿也要把作业完成后再睡觉。有时候实在困的坚持不住，女儿就让我们第二天早点把她叫醒，把作业做完后再去学校。

四、家长要支持孩子的兴趣和爱好

家长要注意培养孩子的兴趣和爱好，并尽可能引导孩子把兴趣和爱好与学习结合起来。比如，女儿从小学到高中，一直都非常喜欢侦探类小说，她每次去书店都会挑选这方面的书，福尔摩斯各个版本的小说在家里积累了很多。我们对此表示支持，甚至还专门陪女儿去英国的福尔摩斯博物馆。为了激发女儿增强学习、注意细节，我们引导女儿说："侦探小说的情节确实很离奇、很好看，这些都是由侦探家的渊博学识与缜密思维推理和分析出来的，如果我们也具备了这样的学识和思维能力，也会推理和分析出案情谜底。但现在很多情节我们分析不出来，是因为自己的学识还不够，比如化学知识、物理知识、生活常识和观察能力等。如果你也能在这些方面提升自己，那么你也可以成为侦探家!"此外,我经常告诉女儿,要用侦探家的眼光去分析数学、物理和化学题目中隐藏的线索,解题的蛛丝马迹就在其中,只要我们认真审题,就能找到解题的钥匙。我的话极大地激发了女儿的学习兴趣。

再比如,女儿一直喜欢某个明星,希望在高二暑假去深圳看他的演唱会。我们告诉女儿,喜欢明星可以,但不能影响学业。最后,我们和女儿达成协议,如果她的期末考试成绩能够在上学期的基础上再有一定的提升,我们就可以陪她看演唱会。女儿经过努力实现了我们给她制定的目标,我们也践行了承诺。进入高三以后,虽然女儿的学习时间比较紧张,但她坚持每周五抽出两个小时到体育馆打网球,我们非常支持她,认为越是在学习紧张的时候,越应该坚持锻炼身体,为高强度的学习提供强健的体魄。

五、家长的言行对孩子的影响

家长自身的行为对孩子有深远的影响,对孩子的性格、人格和价值观的形成十分重要,家长一定要以身作则。

女儿上小学的时候,除了周末和节假日,我们从不开电视,也不在她面前"追"电视剧,这个习惯一直保持到现在,而且女儿自己在家也很少主动看电视。

女儿进入高三以后,我们晚上在家吃完饭后会打开电视回看中央电视台新闻频道的"共同关注"栏目。这个栏目基本都是国内外的重大时事新闻,信息量非常大,成为我们家必看的固定栏目。它不但为女儿开阔眼界、增长知识提供了良好的机会,而且为她的作文提供了素材。

有心栽花花必发

女儿喜欢阅读的习惯，也受到我们的影响。女儿在小学的时候，每次她在家里写作业，我们都会在旁边看书陪伴她，为她创造一个良好的学习氛围，提高她学习的专注力。有时候，我们会带着女儿去图书大厦，让她在书的海洋里遨游，增长知识，开拓视野。我们会让女儿挑选自己喜欢的书来买，这样她就慢慢养成了喜欢阅读的习惯。

再比如，有的时候老师会让女儿带一些通知或表格回家，由家长配合填写。每次领到这样的任务，我都当着女儿的面，非常认真、工整地填写。这种认真的态度，对女儿的影响也非常大。高三期间，有一次女儿带回的表格需要家长帮助填写个人简历，用于申请高校的夏令营。我像往常一样和女儿一起看了表格的填写要求，然后一丝不苟地填写完毕。第二天女儿把表格交给老师，当老师看到我填写的表格时，夸奖我填写得仔细并且字写得也好看，还展示给其他同学，女儿很是自豪。

女儿在初中的时候，看到我经常在家记录白天的工作情况和第二天要做的工作，她也学着我的样子开始写日记，并慢慢养成了写日记的习惯。女儿每天都坚持在睡觉之前写日记，哪怕只是三言两语，也要做好记录。

六、家长的肯定和鼓励对孩子的影响

家长的肯定和鼓励，是增强孩子的自信心、激励孩子保持学习热情的良方。我会经常看看女儿写的作文，以及老师写的评语。首先，我会对女儿的卷面的整洁和书写提出表扬，指出一两个写得特别好的字告诉她，让她知道家长的表扬是发自内心的，女儿听到表扬后会更加注重卷面的整洁和书写。其次，我会结合老师的评语，再次对女儿进行鼓励，告诉她老师的评语很到位，如果按照老师的评语进行改进，下一次她一定能取得更好的成绩。女儿听了以后也很赞同，就会积极、努力地修改作文。

孩子越在学习上出现波折的时候，家长越需要鼓励他们。在高三上学期的期末考试和高三下学期的第一次模拟考试中，女儿的成绩比平时考试稍有波动，这时，我们会鼓励并告诉她，考得不好不表示她能力不够。然后我们会和女儿一起分析试卷，在发现她最擅长的语文成绩比平时低以后，便告诉她其他科目与以前相比取得了进步，这是她平时用功的结果。如果她在语文方面找出考得不好的原因并有针对性地学习，相信她下一次一定会取得更大的进步。同时，我们也告诉孩子，现在还没有到高考，问题在现在暴露在高考时暴露要好。从这个意义上来说，现在女儿考的成绩低一点反而是一件好事。此外，我们还告诉女儿，坚持按照老师的节奏去做，一定能够取得很好的结果。对于女儿认为自己稍显薄弱的科目，比如物理，我们每次在她有一点点的进步时就对她进行鼓励和肯定。女儿受到我们的鼓励和肯定，最终在高考中发挥出自己的水平。

因此，家长平时要对孩子课内和课外的学习情况及时进行关注。家长要告诉孩子用积极、主动的学习态度来学习，当孩子取得进步时，家长不要视而不见、充耳不闻，要抓住机会及时对孩子进行肯定。只有这样，孩子才能在学习上取得进步。

对于孩子的学习和成长，不同的家长有不同的认识和不同的做法，孩子的个体情况也千差万别。我们对于女儿的教育和培养的一些做法也不一定适用所有的家长。这里，我们把在平时的点点滴滴讲述出来，希望其中的一条做法或者一件小事能够给其他的家长带来一些启发。

在陪伴孩子学习和成长的过程中,只要家长做到"有心",就能实现"有获",正所谓"有心栽花花必发"!在此,我们也对所有依然在学习和成长的学生和陪伴他们的家长,寄予最美好的祝福,希望每个学生在家长的"有心"陪伴下都能健康成长,学业有成,考取自己理想的大学和专业,成为建设祖国的栋梁之材!